COMANDANTE PEDRO PIRES

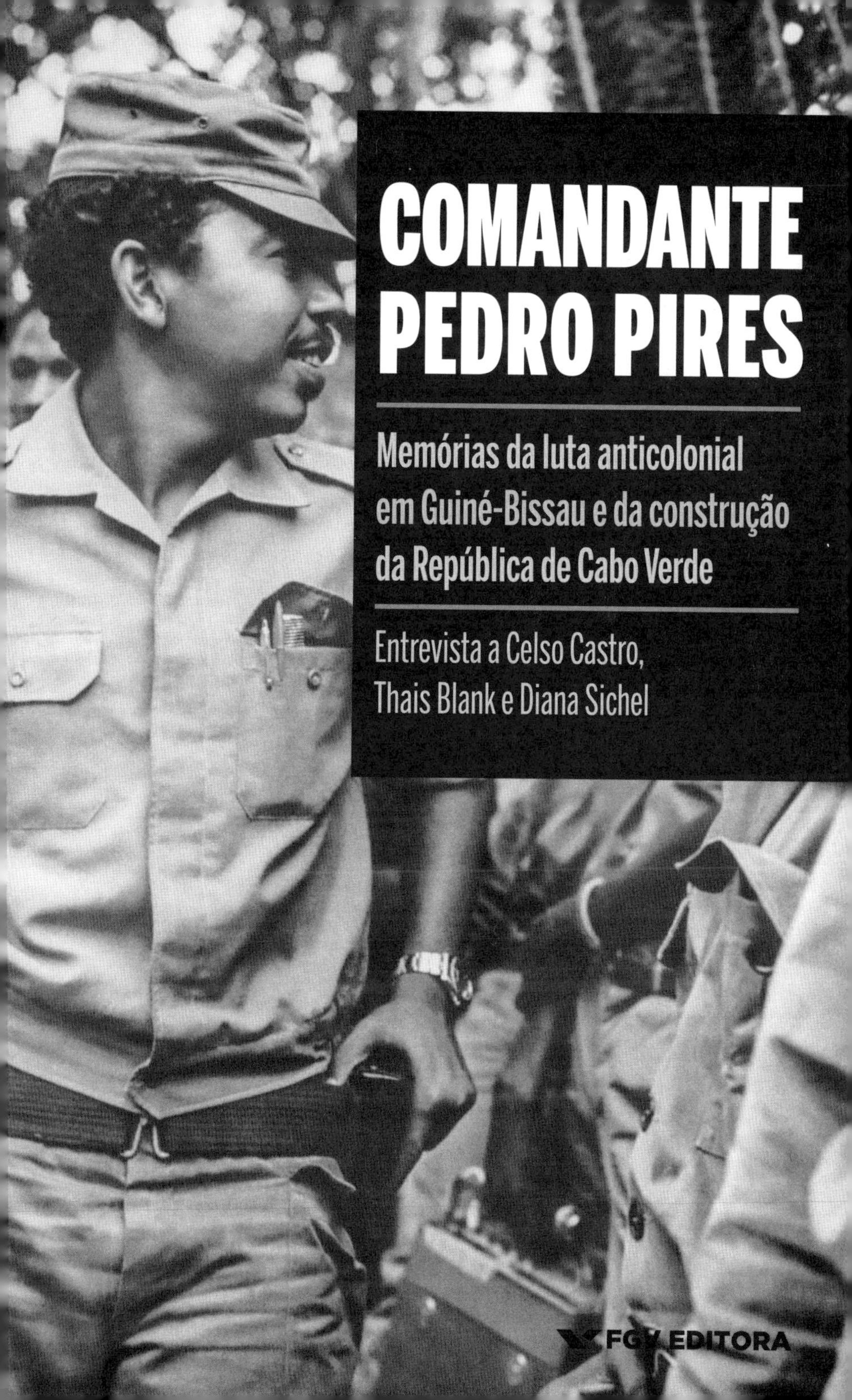

COMANDANTE PEDRO PIRES

Memórias da luta anticolonial em Guiné-Bissau e da construção da República de Cabo Verde

Entrevista a Celso Castro, Thais Blank e Diana Sichel

FGV EDITORA

Direitos desta edição reservados a
FGV EDITORA
Rua Jornalista Orlando Dantas, 9
22231-010 | Rio de Janeiro, RJ | Brasil
Tels.: 0800-021-7777 | 21-3799-4427
Fax: 21-3799-4430
editora@fgv.br | pedidoseditora@fgv.br
www.fgv.br/editora

Impresso no Brasil | *Printed in Brazil*

1ª edição – 2021

Preparação de originais: Sandra Frank
Projeto gráfico de miolo e diagramação: Mari Taboada
Revisão: Michele Mitie Sudoh
Capa: Estúdio 513
Fotos: acervo pessoal

Dados internacionais de Catalogação na Publicação (CIP)
Ficha catalográfica elaborada pelo Sistema de Bibliotecas/FGV

Pires, Pedro Verona Rodrigues, 1934-
Comandante Pedro Pires : memórias da luta anticolonial em Guiné-Bissau e da construção da República de Cabo Verde / Pedro Pires ; Organização Celso Castro, Thais Blank, Diana Sichel. – Rio de Janeiro : Editora FGV, 2021.
220 p. ; 14 x 21 cm

ISBN: 978-65-5652-074-2

1. História oral. 2. Pires, Pedro Verona Rodrigues, 1934- - Entrevistas. 3. Cabo Verde - História. 4. Guiné-Bissau - História - Revolução, 1963-1974. I. Responsabilidade (se houver mais de uma). II. Fundação Getulio Vargas. III. Título.

CDD - 907.2

Elaborada por Rafaela Ramos de Moraes – CRB-7/6625

SUMÁRIO

APRESENTAÇÃO

Celso Castro, Thais Blank e Diana Sichel*

Em junho de 2019, viajamos do Brasil a Cabo Verde para realizar uma entrevista de história oral com o comandante Pedro Pires, um dos principais líderes vivos da luta anticolonial em África. Nascido em 1934, Pedro Verona Pires lutou pela libertação de Guiné-Bissau e Cabo Verde do domínio colonial de Portugal. Após a independência de Cabo Verde, tornou-se primeiro-ministro do novo país (1975-1991) e, mais adiante, seu presidente (2001-2011). Em três dias de filmagem (13 a 15 de junho) gravamos cerca de 13 horas de entrevista, durante as quais Pedro Pires narrou sua história de vida, desde sua infância até o presente, passando pelas memórias da guerra anticolonial e da construção da República de Cabo Verde.

A ideia de entrevistar o comandante Pedro Pires surgiu por acaso. Em 2013, Marcus Vinícius Rodrigues, então na Diretoria Internacional (Dint) da Fundação Getulio Vargas (FGV), coordenava alguns projetos em Cabo Verde e procurou-nos com o pedido de que o Centro de Pesquisa e Documentação de História Contemporânea do Brasil (Cpdoc) fizesse uma entrevista com o comandante.[1] Criado em 1973, o Cpdoc,

---

* Celso Castro e Thais Blank são professores da Escola de Ciências Sociais da Fundação Getulio Vargas (FGV Cpdoc). Diana Sichel é graduada em ciências sociais (FGV Cpdoc) e mestranda no Ippur UFRJ.

1. Agradecemos a Marcus Vinícius, que não apenas deu a ideia original como também fez os contatos iniciais e nos passou valioso material sobre Cabo Verde. Gostaríamos ainda de agradecer a Danillo Bragança, que realizou uma pesquisa documental para o roteiro, e a Luís Miguel Lima e Indira Pires, pela acolhida em Cabo Verde e pelo acompanhamento do trabalho posterior.

hoje Escola de Ciências Sociais da FGV, tinha uma longa tradição na realização de entrevistas de história oral, tanto em relação ao método biográfico quanto ao trabalho documental de produção, preservação e divulgação de fontes orais. Em 1975, foi criado no Cpdoc o Programa de História Oral, o primeiro de seu tipo no Brasil. Desde então, foram feitas mais de 2.000 entrevistas e 7.500 horas de gravação, em sua maior parte disponíveis para consulta pública. Várias dessas entrevistas foram também editadas e publicadas em livros.

Embora a quase totalidade do acervo de entrevistas do Cpdoc fosse com personagens do Brasil, aceitamos de imediato a proposta, como forma de colaboração institucional entre o Cpdoc e a Dint. Além disso, pareceu-nos simpática a ideia de integrar à nossa experiência institucional a entrevista com um líder da luta contra o colonialismo.

Acertou-se então a realização da entrevista ainda para o ano de 2013. Contudo, não foi possível, naquela ocasião, mobilizar os recursos financeiros necessários à viagem, e a entrevista foi cancelada. Em 2017, Marcus Vinícius retomou a proposta. Agendamos novamente a entrevista, porém, mais uma vez, não foram disponibilizados os recursos necessários à viagem, e os planos foram novamente cancelados.

Finalmente, em abril de 2019 conseguimos mobilizar recursos para custear a viagem, agora apenas no âmbito da FGV Cpdoc, e retomamos o contato com o comandante Pedro Pires, acertando a data para a realização da entrevista. Além dos dois professores, Celso Castro e Thais Blank, viajou também a Cabo Verde Diana Sichel, então aluna de nossa graduação cursando a disciplina "história da África", e que atuou como assistente de pesquisa no projeto. Além da entrevista em si, que seria filmada e integrada a nosso acervo, já tínhamos a ideia de eventualmente editá-la em livro e em filme documentário, possibilidades que faziam parte de nosso repertório institucional.

Os encontros aconteceram na sede do Instituto Pedro Pires, na cidade da Praia, capital de Cabo Verde. Nosso entrevistado tinha, na ocasião,

85 anos e demonstrou excelente disposição para a entrevista. Ao final, deixou registrado seu agradecimento à FGV em razão de a instituição ter:

> [...] tomado essa decisão de trabalhar comigo uma visão do meu percurso como homem político e como africano, que lutou pela independência de seu país. Também estou muito agradecido por essa iniciativa, por essa... dádiva, de certa forma, pois, considero que é um ato de valorização do meu percurso enquanto africano, enquanto combatente da liberdade cabo-verdiana.

Essas últimas palavras — *valorização de seu percurso enquanto africano e combatente da liberdade* —, mais que parte de um agradecimento formal pelo trabalho que tivemos, devem ser lidas com a importância que assumiram para nosso entrevistado. Em vários momentos, ficou explícita a determinação do comandante em deixar registrada uma narrativa que confrontasse outras versões sobre a importância da luta em Guiné-Bissau para a independência de Cabo Verde e também valorizar o sacrifício dos *combatentes* — categoria que se referia a uma geração e a um perfil de companheiros que, a seu ver, não estaria tendo, hoje, o devido reconhecimento histórico.

Nosso entrevistado referiu-se de forma crítica a versões históricas que seriam, a seu ver, ainda afetadas pela narrativa *colonial*, mesmo que atualizadas no contexto contemporâneo. Embora o fim da luta em Guiné-Bissau tivesse ocorrido 45 anos antes, a *guerra da memória* continuaria até hoje. Quando se refere, por exemplo, à tentativa que os dominadores portugueses fizeram de provocar uma cisão entre cabo-verdianos e guineenses no interior do Partido Africano para a Independência da Guiné e Cabo Verde (PAIGC), diz que "até hoje mentem", e que "ainda hoje, restaram resquícios dessa campanha cínica e perversa contra os cabo-verdianos". A acusação de que algumas narrativas estariam marcadas por uma *mentalidade colonial* (e também *colonizada*) é explícita:

> O mal está no seguinte: falseou-se a nossa história, durante todo o tempo, escondendo-nos os seus aspectos mais injustos, mais dramáticos,

humilhantes e aviltantes da nossa condição humana. A versão que o colonialismo nos deu da história é falsa ou no mínimo incompleta! Portanto, devemos nos descolonizar mentalmente também. Julgo que o próprio antigo colonizador devia pensar em fazer a sua "descolonização".

Essa luta seria ainda longa e difícil:

Considero que se trata de uma luta prolongada de décadas. É a velha questão dos símbolos, dos mitos que nos impuseram. [...] a história que nos era narrada era altamente falsificada para justificar o injustificável. A nossa perspectiva sobre a questão das memórias é diferente — por isso é que trabalhamos e estamos a insistir numa nova narrativa das nossas memórias —, desejamos retificar as memórias da nossa luta, as memórias do nosso passado, mas no sentido honesto e realista. Não no sentido adulterado, amenizado e suavizado, para tentar justificar um sistema retrógrado ou para justificar os seus erros e violências humilhantes.

Pedro Pires enfatiza a necessidade que vê de contar a história desde uma perspectiva *africana*, e não *colonial*, oposição que encontra ressonância, no domínio da imaginação social caboverdiana, entre um país que estaria mais ligado ao mundo ocidental ou à África:

Eu costumo utilizar um ditado africano que diz: "Enquanto o leão não tiver o seu historiador, a glória vai para o caçador." Estou a tentar ver se o leão arranja o seu historiador e faz a narrativa das suas vitórias. É o que eu digo aos meus amigos africanos: "A história contada pelos outros está contaminada por preconceitos. Nós e vocês temos de fazer a nossa história, temos de trabalhar isso." Porque o resto está eivado de preconceitos. [...] Eu quero convencer as pessoas que têm de ter a sua narrativa e que por vezes as pessoas, sem querer, entram na lógica da narrativa do caçador. Entram nessa lógica sem querer, ingenuamente, porque não estão atentas nem prevenidas. Ou não se aperceberam das armadilhas existentes.

Nosso entrevistado refere-se, em mais de um momento, a uma *guerra de símbolos* que estaria ocorrendo em relação à história de Cabo Verde e diz que sua luta atual é: "para que os símbolos coloniais não marquem a história de Cabo Verde. Mas, está sendo difícil, ou vai ser difícil". A respeito da geração dos *combatentes* — a sua geração — afirma que:

> [...] não se vai encontrar uma geração tão generosa e comprometida como aquela, que fez inúmeras renúncias pessoais e se sacrificou pela conquista da independência e pela instituição do Estado soberano de Cabo Verde. Não encontrará na história de Cabo Verde uma geração com as mesmas características e valores morais e patrióticas como aquela, como a nossa geração.

Pedro Pires destaca o fato de que, quando presidente da República, esforçou-se por reparar um *dever de reconhecimento* para com esses combatentes e para com a memória dessa luta, condecorando "aqueles que na verdade combateram pela libertação do país". Em relação à luta pela memória dessa geração de combatentes, diz sentir uma *obrigação*:

> Porque os outros, os meus companheiros, já morreram quase todos. Quis o destino que eu tivesse uma vida mais longa e talvez melhores condições para isso. Eu tenho que cumprir isso. Portanto, sinto que tenho que cumprir e devo cumprir. Infelizmente, nem todos têm o mesmo empenho que eu tenho nessa questão, nessa matéria das memórias.

É nesse contexto e com essa intenção de lutar contra outras memórias que se insere, do ponto de vista do comandante Pedro Pires, sua narrativa. A entrevista que realizamos foi em seguida transcrita e editada em forma de livro, incluindo notas de rodapé explicativas. O texto foi então enviado ao entrevistado, que fez uma cuidadosa revisão, explicitando melhor suas ideias em várias passagens. Ele manteve, con-

tudo, no essencial, o mesmo conteúdo e a mesma estrutura narrativa. Paralelamente, produzimos documentários a partir do material filmado.[2]

Como todas as demais entrevistas realizadas no Cpdoc, esta foi concebida para ser acima de tudo uma fonte histórica. Sua primeira vocação é a de provocar e preservar o testemunho em primeira pessoa a respeito de sua trajetória de vida. Ela é, em si mesma, um documento histórico, mas que não deixa de ser também aquilo que Pierre Nora chamou de "lugar de memória",[3] pois a narrativa produzida pelo entrevistado é fruto não só das suas lembranças do passado, como também do seu desejo de futuro. Há uma "vontade de memória" que tem na sua origem uma intenção memorialista.

De nossa parte, ficamos honrados com a oportunidade que tivemos de registrar a história de vida de nosso entrevistado e, dessa forma, participar também da luta por uma memória que ajude no bom e necessário combate contra a herança, ainda presente, do colonialismo e da opressão.

---

2. A primeira edição audiovisual da entrevista deu origem ao curta-metragem *The memory of the struggle for freedom in Africa* (2019), disponível em: <https://cpdoc.fgv.br/nucleoAD/producoes#Africa>. Em uma segunda experiência de edição, produzimos o longa-metragem *A libertação da Guiné Bissau: uma entrevista com o comandante Pedro Pires*. O filme foi finalizado em fevereiro de 2021 e está disponível no canal Youtube da FGV.
3. NORA, Pierre. "Entre memória e história: a problemática dos lugares." In: *Projeto História*. São Paulo: 1993, p. 1-27.

1

Uma família do Fogo

"Esse meu mundo, meu pequeno mundo, era mesmo um mundo muito pequeno!"

Gostaríamos de começar perguntando sobre a sua família, sua origem. O senhor nasceu na ilha do Fogo em 1934. Poderia falar um pouco dos seus pais, avós?

Sim, eu nasci na ilha do Fogo, mas numa localidade rural. Eu sou do campo, sou originalmente rural. Os meus pais eram, se podemos defini-los assim, médios proprietários rurais. Até os sete anos, saía raramente da localidade onde nasci. Fiz a primeira saída mais longa quando fui frequentar a escola primária em São Filipe. Os meus avós também são do Fogo. Não conheci meu avô materno, morreu antes de eu nascer. Conheci muito mal o meu avô paterno, pois quando morreu eu tinha uns seis anos, não tive convívio de proximidade com ele. Quanto às minhas avós, conheci-as bem, convivi bastante com elas. Também eram do meio rural. Eram camponesas com alguns recursos, pequenas propriedades de sequeiro, cujos rendimentos eram limitados e precários.

O meu bisavô materno, Joaquim Barbosa Amado, Djoca Santana, tinha muitos filhos, o que significa que tinha algumas posses; se não tivesse posses, não teria tantos filhos. Conheci a minha avó, Maria Santa Barbosa Amado, e gostava muito dela; conheci várias das irmãs, não me lembro de ter conhecido muitos dos seus irmãos. Lembro-me do mais novo, Agostinho. Fazendo um esforço, julgo que conheci irmãs e os irmãos mais novos do lado da minha avó paterna. Tenho uma vaga ideia do pai dela. Somos descendentes do proprietário Procópio José

Rodrigues, pai da minha avó, Ana José Rodrigues, que tinha deixado muitos descendentes. Está claro: para ter tantos filhos, tinha que ter várias mulheres, como era habitual naquela época entre os proprietários abastados. O meu avô paterno, Henrique Rodrigues Pires, também era descendente de uma família numerosa. Eram camponeses, pequenos proprietários, mas ele se fez, por esforço próprio, um grande comerciante. Quando morreu, seria um dos maiores comerciantes da ilha do Fogo. Deixou muitos descendentes, como era natural daquele tempo, e o meu pai era um dos vários filhos dele.

O meu pai, Luiz Rodrigues Pires, como já disse, também era um proprietário médio e um pequeno comerciante. Trabalhou com o pai; quis desenvolver o comércio próprio, mas não teve tanto sucesso como o pai. Mas, como pessoa, tinha a percepção da má governação da ilha e perfilhava uma postura de contestação em relação ao que acontecia na nossa ilha. Não sei se tinha o mesmo sentimento em relação ao que se passava na colónia, em todo Cabo Verde. Na ilha do Fogo, se quisermos caracterizá-lo, seria um contestatário, um indivíduo que não estaria de acordo, um discordante com a governação da ilha. A minha mãe, Maria Fidalga Lopes Pires era uma camponesa, uma mulher muito corajosa e muito empenhada em cumprir o seu dever ético de mãe e de dona de casa e a condução da economia doméstica, como era tradição na altura. Dedicava-se de corpo e alma à governação e manutenção da casa e à educação dos filhos. Era paciente e bastante inteligente. Simbolizava o núcleo principal da coesão da nossa família.

Quantos filhos eram?

Da minha mãe, éramos nove: sete rapazes e duas raparigas. Vivos, somos seis: quatro rapazes e duas raparigas. Além disso, a minha mãe tinha relação de muita afeição com dois filhos mais velhos do meu pai: uma rapariga e um rapaz. Esses frequentavam normalmente a nossa casa. Naquele meio social, havia uma certa solidariedade que funcionava informalmente. É uma coisa por descobrir, mas havia solidariedade nas relações entre familiares e vizinhos. Do lado do meu pai, tenho ainda mais 18 irmãos. Esta circunstância era uma caraterística social da sociedade rural foguense.

Aparece sempre a menção, em textos biográficos sobre o senhor, a respeito da sua avó, Ana "Procópio" José Rodrigues, que seria uma famosa cantadeira da ilha do Fogo.

Sim. Ela era, pode-se dizer, uma artista popular, uma trovadora. Naqueles tempos não havia rádio, não havia televisão, não havia outros meios de gravação, e as cantadeiras animavam os bailes. Mas não a conheci como cantadeira. Já tinha deixado de "exercer" a sua vocação artística.

O senhor nunca a viu cantando?

Nunca, até porque a ideia que nós temos é que o meu pai, seu filho, não quis que ela continuasse a cantar.

Por quê?

Talvez considerasse que fosse desprestigiante, não sei. Mas ela era uma senhora cheia de humor, criativa. Se as cantigas tinham boa música, isso eu já não posso dizer. Mas, de toda maneira, o conteúdo das suas criações era sempre de muito humor, sarcástico e crítico. Os seus dizeres e aforismos continuam célebres na ilha do Fogo.

Ela morava na sua casa?

Ela tinha outros filhos, ela morava em casa própria. Morava com ela, na altura que eu a conheci melhor, a filha mais jovem. Tinha dois filhos mais velhos que emigraram para os Estados Unidos. Não cheguei a conhecê-los em Cabo Verde, no Fogo, mas o filho mais velho, vim conhecê-lo quando visitei os Estados Unidos da América, depois da nossa independência.

O senhor viveu então no Fogo até os sete anos.

Vivi no Fogo, na minha localidade, até os sete anos. Depois fui fazer a escola primária em São Filipe. Nós morávamos no sítio de Santana. Passei a residir uma parte do meu tempo em São Filipe. Passava o tempo entre a cidade de São Filipe e a localidade de Santana. Depois, aos 12 anos, fui fazer a admissão aos liceus em São Vicente. Para se ter uma ideia de como eram as viagens entre as ilhas naquele tempo: tivemos que fazer uma viagem num pequeno barco à vela do Fogo, São Filipe, a São Vicente, levamos mais de uma semana para chegar. Não porque fosse tão longe, mas por causa do vento. O barco à vela estava condicionado pelo vento e, sobretudo, pela direção do vento.

Em São Vicente, fiz os exames de admissão. Não havia ensino liceal oficial no Fogo, era ensino privado. Voltei a São Vicente dois anos depois, para fazer o exame do segundo ano dos liceus. De regresso ao Fogo, interrompi a escola, o liceu. Passei aquele interregno no Fogo, cerca de três anos, e só três anos depois é que pude retomar os estudos liceais.

Por quê?

A causa era a falta de recursos para custear a permanência em São Vicente, o que mais? Se tivéssemos meios, não aconteceria isso. Como não havia os recursos necessários, houve que esperar melhores oportunidades. E, nessa altura, também o meu irmão mais velho estava a fazer o curso de enfermagem aqui, na Praia, trata-se da cidade, capital de Cabo Verde. Se me perguntasse se dava para financiar os estudos dos dois, talvez não desse. Por fim, três anos depois retomei os estudos, mais um ano aqui na ilha de Santiago e voltei a São Vicente para completar o segundo ciclo liceal.

Que lembranças o senhor tem desses sete primeiros anos que viveu em Santana? Como era sua infância lá?

Olha, já lá vão vários anos... Talvez, para pior, a situação tinha mudado bastante. Muita falta de chuva, muita seca, e o ambiente natural, que tinha uma cobertura vegetal relativamente boa, ficou bastante desprotegido. Quando regressei a Cabo Verde, ao Fogo, não encontrei o que tinha deixado, precisamente por causa das secas que tiveram lugar durante aquele período. Mas, de toda maneira, a minha primeira vivência era a vida de alguém no campo, onde não havia eletricidade, utilizava-se o candeeiro de petróleo. Fui conhecer a eletricidade aos sete anos, em

São Filipe. Não havia rádio, notícia, nada. Então, era aquele ambiente, chamemo-lo fechado, restrito, com pouco acesso à informação, com pouco acesso ao conhecimento. Era o mundo rural de então. Não é o mundo rural de hoje, em que as pessoas têm rádio, televisão, internet, muitas vezes telemóvel. Não é esse mundo: é um mundo completamente fechado e com pouca comunicação com o exterior.

Lembro-me ainda das cartas que vinham dos Estados Unidos, porque havia muitos emigrantes do Fogo, da Brava; de São Nicolau, talvez menos. Muita emigração para os Estados Unidos, houve ligação regular entre os Estados Unidos e Cabo Verde durante cerca de dois séculos, através dos grandes veleiros. Alguns, que eu pude ver depois, tinham instalações de primeira e segunda classes. A ligação desejada com o exterior seria mais a ligação com os Estados Unidos da América. Tinha, como disse, duas tias e um tio nos Estados Unidos, então havia esta ligação familiar através das cartas, falava-se muito da carta que chegava dos Estados Unidos. As cartas! Esse meu mundo, meu pequeno mundo, era mesmo um mundo muito pequeno!

Como criança, o senhor ajudava em alguma tarefa, ou só brincava?

Toda gente fazia alguma coisa, mas mais durante a época das chuvas. Podia-se participar na guarda da sementeira, porque havia os corvos, a galinha-do-mato, galinha de Guiné, os "pardais". Fazíamos a guarda da agricultura. O que era natural, em contradição com as ideias atuais de exploração do trabalho infantil. Tenho dúvida de que devesse ser visto nessa perspectiva, porque considero que era uma espécie de "iniciação" à vida de camponês, iniciação à vida do homem ou da mulher rural.

Na década de 1940 ocorreram grandes fomes devido à seca. O senhor chegou a presenciar o efeito da fome?

As fomes em Cabo Verde são um fenómeno que deve ser mais bem aprofundado, devíamos trabalhar melhor isso e ultrapassar a memória individual, ou as memórias de cada um. Eu tenho a minha memória daquela época, mas está claro que depois procurei mais informações, refleti mais sobre isso. Cheguei a São Filipe em 1941, quando estávamos em plena crise dos anos 1940. O Fogo, nessa crise de 40, 41, 42, perdeu quase a metade da sua população. Quando cheguei a São Filipe para frequentar a escola primária, pude presenciar as crianças famintas na rua, abandonadas, ou em instalações, com barrigas e pernas deformadas. Mais do que isso, as pessoas não tinham o que comer e iam receber comida de uma espécie de instituição de assistência, ou algo dessa natureza. Nós todos, da minha geração, presenciamos aquele drama humano. Gente que morria por aí e, em consequência, alargaram-se os dois cemitérios que havia em São Filipe e em São Lourenço. Isso marcou a minha geração para sempre.

O senhor conheceu pessoas que morreram de fome?

Eu não podia conhecer muita gente, porque era criança, mas ainda conheci várias pessoas que morreram. Em São Filipe havia um sítio que se chamava, e se chama ainda, "Cruz dos Passos". Está lá ainda. As pessoas que iam buscar os cadáveres paravam nesse sítio, e daí iam ao cemitério. Os mortos eram transportados em caixões, a que chamavam de esquifes municipais. Iam, deixavam os cadáveres e voltavam com os mesmos esquifes para buscar outros cadáveres. Essa imagem é a memória que tenho daquele drama humano. Lembro-me perfeitamente do sítio, tenho mais ou menos a ideia do cemitério, tenho ideia do outro cemitério, que é em São Lourenço, perto do sítio onde nasci. De tudo isso guardo uma recordação clara e interpeladora.

Entretanto, fazia-se a distribuição dos produtos para alimentação dos famintos. Alguns produtos eram deteriorados e as pessoas morriam não porque não comiam, mas porque comiam. Esse foi o nosso drama, o drama da ilha do Fogo, nas fomes de 1940. Mas a situação continuou. Sempre que havia seca, que não havia produção suficiente, tínhamos o problema da carestia e da ameaça de fome. Ou fome aguda, ou fome específica, havia sempre. Está claro, a memória das pessoas de Santiago é uma outra memória, a memória de São Nicolau é outra, de Santo Antão é outra. Portanto a fome, as secas, foram marcas indeléveis de toda a história de Cabo Verde.

Mas às fomes e às secas está ligado um outro fenómeno, que são os trabalhadores contratados para São Tomé e Angola. Como solução, contratava-se gente que ia trabalhar nas fazendas dos portugueses, dos colonos em São Tomé, nas roças de café e de cacau, e outros iam trabalhar nas roças de café e da cana-de-açúcar em Angola. As pessoas iam como trabalhadores contratados. Não houve busca de uma solução duradoura para a problemática das secas e da fome. Era tão somente uma forma simples de recrutar mão de obra sem direitos para trabalhar nas outras colónias. Quer dizer, mão de obra barata e escrava para rentabilizar as roças dos colonos portugueses. Era uma condição de verdadeira despromoção social, de perda de direitos adquiridos.

Como os cabo-verdianos responderam a isso? Está claro que, para além da ida a São Tomé como trabalhador contratado, também se emigrou bastante. Houve a emigração clandestina para o Senegal, por exemplo, uma certa emigração clandestina para a América do Sul. Geralmente, as pessoas aproveitavam para fugir nos barcos que faziam escala no Porto Grande de São Vicente. Assim, foi muita gente para o Brasil, foi muita gente para a Argentina, através dessa emigração clandestina. Uma outra porta de saída foi a emigração para os Estados Unidos da América. Isso também se fez com barcos cabo-verdianos. Tínhamos no nosso imaginário uma ligação com os Estados Unidos da América, terra de oportunidades, e os portos mais importantes nessa ligação foram o porto de Furna, na Brava, e de New Bedford, nos Estados Unidos. De modo que, durante o período colonial, por um lado, fomos consumidos pela fome; por outro, fomos levados a São Tomé. Essa morna que é muito conhecida, difundida e apreciada internacionalmente, no entanto sem se conhecer a sua essência, *Sôdade*, é um lamento muito magoado, dedicado precisamente a esse nosso drama.[4]

---

4. Talvez a música mais famosa de Cabo Verde, eternizada na voz de Cesária Évora. Armando Zeferino Soares compôs a música quando foi despedir-se de um grupo de conterrâneos que iriam emigrar para São Tomé e Príncipe, nos anos 1950: "Quem mostra bo es caminho longe?/Quem mostra bo es caminho longe?/

No caso da sua família, dos seus irmãos, não houve emigração?

Os meus irmãos daquela geração, da minha mãe, nós "migramos" internamente. Vivemos cá, na cidade da Praia. Os que morreram, morreram cá. De modo que nós não emigramos e encontramos uma solução interna. Outros irmãos meus emigraram para Portugal, emigraram para os Estados Unidos, uns para Angola. No nosso caso, migramos mais para a cidade da Praia. Há uma circulação intensa de pessoas entre o Fogo e Santiago, entre São Filipe e a Praia. É assim que, aqui na cidade da Praia, uma grande percentagem da população tem ligação sanguínea com o Fogo. Está misturada e fundida.

O senhor mencionou, quando falou de seu pai, que ele tinha uma postura crítica à presença colonial portuguesa em Cabo Verde. Quando mencionou a fome, o senhor mencionou falhas na assistência. Na ilha do Fogo, qual era a presença colonial portuguesa?

Em relação ao meu pai, não sei se ele era conscientemente contra o colonialismo. Era contra a forma como faziam a gestão. Penso que há uma pequena diferença entre ser contra o colonialismo e ser contra a má gestão dos estados. Em relação à fome de 1940, 41, 42, há um caso interessante. Uma pessoa do Fogo, um proprietário que tinha uma vida razoável, ou boa, foi julgado, condenado e enviado desterrado para São Tomé e Príncipe porque tinha criticado a má gestão da situação daquela altura no Fogo. O nome completo dele era Antônio Avelino Henriques. O irmão, naquela altura, era administrador do Concelho. Também foi demitido e preso, julgado em São Vicente, creio que por um tribunal militar ou algo assim do gênero. O Agnelo Henriques foi absolvido e o Antônio Henriques foi condenado a uns anos de degredo. Foi deportado para São Tomé e Príncipe. Ainda o

Es caminho pa São Tomé./Sodade/Sodade/Sodade./Des nha terra, São Nicolau./ Si bo screve m',/M' ta screve bo/Si bo squece m'/M' ta squece bo/Até dia qui bo volta. Sodade/Sodade/Sodade./Des nha terra, São Nicolau." Disponível em: <www.publico.pt/2007/04/05/jornal/morreu-em-cabo-verde-o-autor-da-letra-da-morna-sodade-209793). Acesso em: dez. 2020.

revi, depois de passar lá dois ou três anos e regressado à ilha do Fogo. Isso dá-nos a ideia de que as pessoas não aceitaram pacificamente a situação. Reagiram. O suficiente? Não sei. Mas reagiram e criticaram.

O senhor, quando sai do Fogo para estudar, vai morar com quem, com parentes?

Não, estive aqui na Praia cerca de um ano... bom, chamemo-lo de parente, um amigo do Fogo do meu pai que tinha uma casinha por aqui. Estive lá e comia fora. Em São Vicente havia pessoas, não diria que eram especializadas, mas que recebiam os alunos do liceu idos das outras ilhas. Portanto, eu estive nessa condição. Não havia um centro, qualquer coisa bem organizada, mas havia gente que recebia em casa estudantes do Fogo. Geralmente tinham algum laço, senão familiar, um laço territorial, digamos assim, por pertencerem à mesma ilha.

Havia uma comunidade de pessoas do Fogo?

Santiago e Fogo sempre tiveram uma ligação bastante intensa. Entre ambos, gente do Fogo que vivia aqui na Praia, famílias que viviam em Santa Catarina, havia essa ligação secular. Chamar isso de comunidade, não sei, mas conheciam-se, tinham relações de proximidade. As pessoas, ao chegar, adaptavam-se mais facilmente.

E dos estudos, o senhor lembra o quê? O senhor gostava muito de matemática, física e química, não? Isso aparece em algumas entrevistas.

Deve-se entender que foram estudos mal organizados, no seguinte sentido: aquele que estivesse na escola particular, portanto privada, não tinha a mesma qualidade de ensino que um do liceu público. E a questão de o que me interessava mais... a matemática, creio que é uma disciplina que desafia um pouco a reflexão, de modo que talvez por isso estudava o necessário, e deu para ter alguma satisfação com o estudo da matemática.

O senhor era bom aluno? E de comportamento?

Não era mau, era razoável. Não diria que fosse muito bom, mas era relativamente bom. Comportamento, também normal. As mesmas atitudes que os outros, não tínhamos muita diferença entre nós. Talvez houvesse uns que tivessem outras preocupações culturais, mas pessoalmente procurei fazer os estudos e conseguir passar, como o meu dever.

Além dos estudos, havia alguma outra atividade política, cultural, de formação?

Não, e também na altura em que estive em São Vicente, atividade política era impossível, a gente tinha medo. Estávamos muito isolados. Penso que podemos dizer o mesmo, também, dos professores e dos cabo-verdianos com formação superior, que não se interessavam pela política, podemos dizer, por medo. Tinham feito os estudos em Portugal, teriam lá adquirido esse medo, portanto não chegaram a Cabo Verde com desejo de lutar por mudanças. A condição colonial não os afligia tanto. Estavam acomodados. Houve contestação, para ser justo com as pessoas, sobre a fome, sobre a má governação. Não chamavam a isso má governação, chamavam-no de outro nome, mais tolerável pelo poder colonial. Não houve reuniões para contestar isso, mas houve poemas, contos que denunciavam não a condição colonial, mas a fome, o estado de abandono em que se encontrava o país, e a que o povo estava sujeito. Em São Vicente, a Associação Comercial local foi persistente nas denúncias junto ao governo local e central. Um ou outro, o caso de alguém como o pai de Amílcar Cabral, Juvenal Cabral, teria denunciado isso, teria procurado influenciar as autoridades? Julgo que os nativistas também teriam denunciado o abandono a que estava sujeito Cabo Verde e defendido um melhor tratamento e mais direitos e mais dignidades para os cabo-verdianos.

Mas tenhamos em conta um caso significativo e premonitório: em 1934, em São Vicente, houve uma revolta dos famintos, como eram chamados, a revolta do capitão Ambrósio. Há um poema muito forte do Gabriel Mariano celebrando o acontecimento. Saquearam os armazéns em São Vicente. Depois, finais dos anos 1930, início dos 1940, houve também um conflito com o governo colonial, liderado por comerciantes de São Vicente, que punha em causa o método escolhido para o abastecimento do país. Enviaram ao governo da colónia, e creio que mesmo ao governo central português, muitos telegramas denunciando aquela situação. Isso deu para melhorar alguma coisa? É bem possível que sim, mas eu não tenho memória disso. Éramos uma colónia e colonizados; logo, sem os direitos mais elementares de escolha. Alguns desse grupo de comerciantes foram presos em São Vicente, trazidos para o Tarrafal,[5] onde estiveram por pouco tempo, por causa desse conflito à volta da importação de produtos alimentares. Aquele que esteve mais tempo preso no Tarrafal foi um comerciante natural do Fogo, Abílio Monteiro de Macedo, que guardou bastante ressentimento ao poder colonial e principalmente ao inspetor superior colonial, Henrique Galvão. Lembro-me perfeitamente dele em São Filipe.

Não seria justo dizer que nada fizeram. Fizeram, sim, alguma coisa, mas não existia a circulação de informação, naquele tempo trágico. O acesso a jornais, por exemplo. Não me lembro de ter lido muitos jornais em São Vicente. O acesso à informação escrita, ao rádio, para além de censurado, era para quem tivesse meios. Deste modo, andávamos mais ou menos isolados aqui no meio do Atlântico. Essa é que era a situação real.

As críticas então não eram em relação à condição colonial?

A condição colonial deve ter sido colocada no início, no primeiro quartel do século passado. Alguns tinham alguma ideia sobre isso. Pedro Cardoso, Eugênio Tavares e mais um ou outro. Esses teriam pensado, já nos fins do século XIX, teriam falado nessa eventualidade de um Cabo Verde independente ou autónomo. Se for ao acordo assinado entre Portugal e o Brasil quando da independência do Brasil, parece

5. O Tarrafal foi uma colônia penal para opositores políticos de Portugal e suas colônias, aberta em 1936 na ilha de Santiago.

que há lá uma referência do acordo de que o Brasil não reclamaria a integração de Cabo Verde, qualquer coisa como isso. Não se pode dizer que não tivesse havido nada em absoluto, mas o que houve era muito ténue e confuso, muito difuso para se aprender a essência das opções, na minha perspectiva. Mas a referência concreta a Cabo Verde, como país, e à independência nacional, já é obra e opção da geração liderada por Amílcar Cabral. Sinto-me integrado nessa geração generosa de percursores e de patriotas anticolonialistas. O que teria vindo de trás? Pouco se sabe.

O senhor termina o liceu e vai para Portugal em 1956, com 21 anos. A decisão de ir a Portugal era natural?

Não, não era tão natural. Houve a concessão de algumas bolsas. Houve um beneficiado, mas eu tinha uma média superior à dele. Por quê? Não sei qual foi a causa. Não fundamentaram, mas penso que o governador colonial não deu; ou, através do liceu, consideraram que eu não devia ter acesso a uma bolsa, talvez tenham pensado que a minha família tivesse dinheiro, que os meus pais tivessem alguma fortuna, e enganaram-se. O certo é que eu tinha sido excluído. Entendo que minha ida a Portugal deveu-se mais a um sobressalto de revolta e de honra do meu pai do que a qualquer outra coisa. Deve ter ficado aborrecido e decidiu pela minha ida, mas as condições de que dispunha não davam para tanto. De toda maneira, ele fez esse esforço, e lá fui a Portugal. O governo colonial pagou a passagem para ir, mas a bolsa, não. Não deu. O meu pai reclamou, mas não deu para nada. E lá fui a Portugal... sem grandes garantias materiais de prosseguir os estudos universitários.

2

Um cabo-verdiano em Portugal

"Cresci politicamente e tomei consciência da nossa condição de colonizados"

Qual foi sua primeira impressão na chegada à metrópole?

Não me adaptei totalmente, não me sentia muito bem por lá. Tive dificuldade de adaptação a um meio diferente. Os meus amigos também não estavam lá, alguns foram estudar em Coimbra. Era um meio completamente diferente do meu. Havia de me adaptar, encontrei um ou outro amigo, fiz alguns amigos e lá fui vivendo. Esse tempo não foi fácil, pois não teria sido fácil a minha adaptação. Estive em casa de uma senhora que recebia gente em casa, uma amiga das minhas tias. Voltei ao estilo de São Vicente...

Em que parte de Lisboa o senhor morava?

Seria a rua Saraiva Carvalho, ao lado do sítio onde se encontra o supermercado de Amoreiras, em Lisboa.

O senhor teve a opção de escolher entre Lisboa e Coimbra?

Eu não escolhi nada. O meu pai é que havia escolhido, porque tinha lá umas irmãs, que talvez pudessem apoiar-me. Elas viviam lá desde os anos 1930. Portanto, foi mais a presença das minhas tias em Lisboa que orientou a minha ida. Elas eram o canal através do qual meu pai transferia os recursos financeiros. Fiz com elas uma sólida amizade.

O senhor foi fazer a Faculdade de Ciências.

Sim, eu sonhei em ser professor de liceu, em física ou química. Li naquela altura e fiquei impressionado pela biografia de Marie Curie. Uma grande cientista polaca que vivia em Paris e se casou com outro cientista célebre, Pierre Curie. Impressionou-me a luta dela, o que ela fez para conseguir ser cientista da área portadora de futuro que viria a resultar na produção da energia atómica, mas também da bomba atómica. Isso me influenciou um pouco a sonhar com a física e a química. Portanto, foi essa ideia de ser professor que me levou à opção pela Faculdade de Ciências.

E a Casa dos Estudantes do Império?[6]

Em 1957, no ano seguinte à minha chegada, fui chamado para prestar o serviço militar obrigatório. É a partir daí que chego à Casa dos Estudantes do Império. Ainda não tinha tido relações com a Casa dos Estudantes do Império, porquanto frequentava mais o círculo dos estudantes cabo-verdianos, num bairro de Lisboa, onde vivia um outro amigo de São Vicente.

Fui prestar o serviço militar em Mafra. É preciso que se note que antigamente, no regime português colonial, pessoas originárias do ultramar (das colónias) não tinham o acesso à categoria de oficial miliciano das Forças Armadas. O curioso é que no fim da monarquia constitucional já era possível. Daí que o regime colonial português, o regime fascista, ou salazarista, como se quiser, fosse um reforço da ideia colonialista de dominar, de humilhar, de explorar os outros povos. Quando ocorreu a divisão da África em 1885, no âmbito do Tratado de Berlim, a Portugal, que tinha sido muito ativo no tráfego de escravos para o Brasil, coube o seu quinhão. Houve uma crise com

6. A Casa dos Estudantes do Império foi criada em 1944, para fortalecer a mentalidade imperial entre os estudantes das colônias. Tornou-se, contudo, um polo aglutinador de intelectuais anticolonialistas e revolucionários, tendo sido fechada pela Polícia Internacional e de Defesa do Estado (PIDE) em 6 de setembro de 1965.

os ingleses, porque os portugueses tinham a ideia de se apoderar do território que se estende de Angola a Moçambique: o célebre "mapa cor-de-rosa". Os portugueses argumentavam que tinham explorado e "descoberto" aquele imenso território. Os ingleses opuseram-se à pretensão portuguesa e deram-lhes um ultimato para que desistissem daquela pretensão. Em consequência houve um grande sobressalto patriótico em Portugal, que teria incitado ao regicídio e à proclamação da República. O próprio hino português traduz isso, se formos interpretar as palavras. É um hino guerreiro, de sobressalto, nacionalista, patriótico. Portanto estava-se nessa fase de colonização mais apertada, mais agressiva e mais incisiva, do continente africano. O Código do Trabalho dos Indígenas das Colónias Portuguesas de África (1928), o Estatuto Político, Civil e Criminal dos Indígenas das Colónias de Angola e Moçambique (1929), o Acto Colonial e a Carta Orgânica do Império Colonial Português (1930) e, por fim, a nova Constituição aprovada em 1933 deram forma ao regime colonial português, ao célebre império colonial. Constituíam os fundamentos teóricos e jurídicos do colonialismo português que instituíam o racismo, a discriminação racial, o indigenato e a inferioridade dos africanos como normas no relacionamento político, administrativo, social e cultural com os colonizados africanos.

Mas com as mudanças políticas resultantes da criação da ONU e da Declaração Universal dos Direitos do Homem, a emergência dos Estados recém-libertados da dominação colonial e a luta no seu próprio seio contra o colonialismo, contra o racismo, Portugal foi obrigado a mudar, em 1953, o estatuto dos seus colonizados. Quando fui incorporado, era o segundo alistamento de "oficiais milicianos africanos". É preciso ter isso em conta para se poder entender o processo da luta de libertação, ou de descolonização. Então, fui chamado a fazer, em 1957, o serviço militar obrigatório. A partir daí é que encontro outros amigos originários de Angola e, a partir dessas amizades, desse convívio, passamos a frequentar juntos a Casa dos Estudantes do Império em busca de um espaço jovem anticolonialista.

O serviço militar era obrigatório, mas o senhor escolheu servir na Força Aérea?

Não sei se era melhor, mas escolhemos aquilo que nos parecia melhor. Então, fui fazer a formação na área de controlo aéreo. Eu era oficial controlador aéreo de radar. Fui colocado numa unidade de radar a cerca de 70 quilómetros de Lisboa, em Montejunto, onde passei a trabalhar. Tinha ligação regular, quase todo fim de semana, com Lisboa. Foi a partir dessa altura que começou e se intensificou o meu contacto mais estreito com os jovens que frequentavam a Casa dos Estudantes do Império.

Quantos anos durava esse serviço militar?

Durava três anos. Fizemos mais um prolongamento do tempo de serviço por nossa iniciativa pessoal.

Mas o senhor não morava em Lisboa?

Não morava em Lisboa, mas tinha um quarto arrendado em Lisboa para os fins de semana. Significava que o salário dava para poder ter um quarto alugado em Lisboa.

Mas o serviço militar propriamente, como era? O senhor tinha treinamento?

Não, nós não éramos de infantaria, éramos dos serviços técnicos de radar. Naquela altura, havia a unidade que chamavam de Grupo de Detecção e Alerta Número (GDACI 1), sediado em Lisboa, e nós estávamos colocados na Esquadra 11. Controlávamos o movimento de aviões que sobrevoavam Portugal, sabíamos de todos os aviões militares e civis que sobrevoavam o território português. Alguns iam em direção à Inglaterra, havia aviões militares americanos que estavam sediados numa base no sul da Espanha e havia outra base em Madri. Acompanhávamos os voos dos bombardeiros americanos e dos aviões de transporte militares. Muitos iam em direção aos Açores. Logo, a nossa missão era o seguimento do movimento aéreo sobre o território português.

A sua função era exatamente qual?

Eu fazia parte de um turno, depois passei a dirigir a equipa de turno de cerca de seis horas de serviço. Era o oficial que orientava o serviço da equipa que fazia o turno de serviço.

O senhor se adaptou a essa vida de militar?

O que fazer? Tinha que me adaptar. Aprendi muito por lá, encontrei gente de várias culturas e sensibilidades. Uns adaptavam-se menos, outros adaptavam-se melhor, e eu, enquanto profissional, procurei cumprir a missão que me incumbia e pela qual recebia um salário que devia justificar. O resto da minha vida pessoal era uma outra coisa.

O senhor estava vivendo uma experiência comum a vários cabo-verdianos, que era viver no exterior. Qual era o seu contato com a família?

Não tão regular como deveria ser. A nossa comunicação era através de cartas, nem tínhamos telefone em casa.

Nessa altura, com 22 ou 23 anos, o senhor tinha expectativa de retornar a Cabo Verde ou de ficar em Portugal?

Voltaria a Cabo Verde, a minha ideia nunca foi ficar no exterior. Era a angústia com a qual convivia. Mas, como não tinha prosseguido os estudos, fiz outra opção. Nós éramos jovens, era um grupo razoável que frequentava a Casa dos Estudantes do Império, tínhamos chegado à conclusão de que nossa vida não era em Portugal. Na altura, não éramos muitos os cabo-verdianos, éramos cerca de uma dezena. Tínhamos começado a pensar em lutar pela independência de Cabo Verde. Os angolanos eram os mais numerosos, com quem tínhamos relações bastante próximas. A ideia era sair de Portugal e nos juntar aos movimentos de libertação dos nossos países.

O tempo foi passando, até que encontramos uma oportunidade de saída. Havia uma grande repressão em Angola e na Guiné, e muitos patriotas foram julgados em Angola. Depois, houve as repressões, os massacres. Estávamos a par de tudo isso. Alguns líderes foram presos, como o caso do dr. Agostinho Neto. Entretanto, começou a luta armada em Angola e ocorriam as independências africanas. A independência do antigo Congo Belga e o assassinato de Patrice Lumumba mexeram profundamente com os nossos sentimentos de patriotas africanos. Tínhamos ligação com esse movimento político e decidimos sair. Não dava para continuar em Portugal, porque ou seríamos mais uma vez reféns ou então podíamos ter que ser enviados à guerra colonial, embora a nossa especialidade não o facilitasse, pois não havia radares em outro sítio, os radares estavam em Portugal e nos Açores. Mas nunca se sabia. A partir daí, decidimos conscientemente pela ruptura frontal com o colonialismo e o regime instalado em Portugal e por integrar a luta armada de libertação nacional.

Também acompanhávamos a vida política portuguesa. Não vivíamos fora daquele contexto. Houve algumas mudanças em Portugal com as eleições presidenciais de 1958, com a candidatura do general Humberto Delgado. Este esteve como refugiado político na embaixada do Brasil.[7] Seguiram-se as repressões, os presos políticos, a fuga de presos políticos, tudo isso dava para pensar também. Para além da dominação colonial, aconteceram outros factos que influenciaram as nossas opções, a nossa decisão, que contribuíram para que tivéssemos uma ideia mais clara do que podíamos e devíamos fazer. As leituras também levaram-nos a consolidar a nossa opção política. Foi nessa altura que li os livros de Josué de Castro, *Geografia da fome* e *Geopolítica da fome*, proibidos na altura em Portugal. Então, esses novos conhecimentos davam para pensar melhor a realidade cabo-verdiana: "Nós e a nossa fome endémica, como é que vamos fazer para resolver isso?" Josué de Castro dizia que a fome não era uma questão natural, mas, sim política. Se a solução é política, vamos buscar a solução política! E alguns livros de Jorge Amado. Não me lembro de quem me apresentou a um livreiro no Areeiro, dono de uma livraria em que à frente tinha os livros permitidos, e atrás tinha livros proibidos. Cheguei a

7. O general Humberto Delgado obteve exílio no Brasil em 1958.

morar no bairro do Areeiro, depois fui morar na avenida Almirante Reis, que ficava mais perto da Casa dos Estudantes do Império. Passei a frequentar aquela livraria, onde comprava um ou outro livro, entre os quais *Gabriela cravo & canela* e *Geografia da fome*.

Deste modo, a nossa formação se fazia pela leitura e pela informação do que estava a acontecer em África. Nessa altura, tinha havido as independências da República de Guiné e da República do Gana, prosseguia a guerra da Argélia, a guerra do Quênia — Jomo Kenyatta tinha sido preso e o livro dele, *No sopé do monte Quénia*, era uma referência.[8] Então eram muitas as informações de lutas de libertação africana que íamos recebendo e assimilando e que influenciavam a nossa opção política de combate ao colonialismo.

O senhor estava no serviço militar e nos finais de semana ia a Lisboa e frequentava a Casa dos Estudantes do Império.

A casa e o círculo de relações à volta da casa. Geralmente, tinha vários amigos e nós frequentávamos um café ao lado. As nossas discussões, muitas delas eram feitas nesse café. Na Casa dos Estudantes do Império, quanto a atividades, havia atividades culturais e desportivas, uma biblioteca e um restaurante, que era o mais barato. Também havia debates sobre a literatura africana. Como suporte, havia a revista cultural *Imbondeiro*, publicada pela Casa dos Estudantes do Império. Portanto havia o lado cultural, o lado intelectual, o lado da diversão. Ouvia-se muita música angolana, sobretudo; alguma música das Caraíbas. Tinha gerado um pequeno mundo à volta dos jovens, estudantes e universitários que frequentavam a casa, o mundo de pessoas patriotas que sonhavam com a independência dos seus países, mas que também tinham, como era natural, um certo tipo de vida e de comportamento juvenil. Música era o que mais se apreciava e havia as atividades culturais, poesia e outras, e havia também as diversões, os bailes. Enfim, era um pequeno mundo africano em Lisboa.

---

8. Original em inglês: *Facing Mount Kenya*, publicado em 1938.

A Casa havia sido criada pelo regime salazarista e acabou depois fechada pela PIDE porque tornou-se um espaço de formação intelectual de líderes revolucionários. Havia um controle?

Veja que o próprio nome de Casa dos Estudantes do Império, em si, dá a ideia do que se pretendia: a palavra importante aí é o Império. Era para manter e alimentar o Império, ou trabalhar para o Império. Mas talvez tivessem pensado em uma forma de enquadrar, uma forma de politizar num dado sentido, numa forma de tornar os quadros formados fiéis aos ideais do Império colonial.

E o que não deu certo, desse ponto de vista deles?

De certa forma era uma instituição aberta. Estou falando da biblioteca, do restaurante, das atividades desportivas e culturais. Então não havia por onde controlar as pessoas, pois tinham ligação com os países respectivos, com os movimentos de contestação. Depois veio a repressão, não dava para muita coisa. É preciso ver que nós também estávamos influenciados por aqueles que nos antecederam, a geração de Amílcar Cabral, a geração de Mário Pinto de Andrade, que não conhecia pessoalmente, mas conhecia a ação que tinham desenvolvido. A geração de Agostinho Neto, de Lúcio Lara, de Marcelino dos Santos e outros. Havia essa geração que nos antecedeu e que nos influenciou, de certa forma. De modo que nós não éramos os primeiros. Quanto à geração que nos tinha antecedido, não sabemos o que ela teria recebido dos outros que os antecederam. Porém, nós recebemos o legado dessa geração e interiorizamos a ideia patriótica da luta pelas independências.

Eu tinha vários amigos naquela altura, mas tinha dois grandes amigos e camaradas de luta. Um angolano, que era meu companheiro de tropa, Henrique Teles Carreira, conhecido por Iko Carreira, que veio a ser ministro da Defesa angolano. Estávamos na mesma unidade, tínhamos a mesma especialidade e alugamos os quartos juntos em Lisboa. O outro amigo era um cabo-verdiano, fomos companheiros no liceu de São Vicente: é o engenheiro Jorge Querido. Estava a estudar engenharia. Éramos contemporâneos. Reencontrei-o em Lisboa, no círculo da Casa dos Estudantes do Império. Esses dois eram os meus amigos e cúmplices mais próximos, mas todo aquele pessoal que girava em torno da Casa dos Estudantes era amigo. Consideravam-se correligionários e companheiros de luta.

O senhor, quando chega a Lisboa, já tem essa consciência política, ou a chegada a Lisboa é fundamental para a consciência da luta?

Levei comigo para Portugal, para Lisboa, a minha memória das tragédias do povo de Cabo Verde. Levei as minhas angústias. Levei comigo as minhas dúvidas, de como sair da situação em que nos encontrávamos em Cabo Verde. Mas eram angústias, eram dúvidas, eram aquilo que nos perturbava e interpelava, a busca de um porquê, a busca das causas e a busca de como combater essas causas. Enquanto frequentava aquele círculo de companheiros, fui descobrindo as causas. Fui tomando consciência das causas políticas e sociais e de que era preciso lutar elas causas. Lutar contra essas causas significava lutar contra o colonialismo, contra a dominação colonial. Levei para Portugal preocupações, angústias, questionamentos e dúvidas. As respostas, descobri-as lá. Mas também no convívio e no debate com os outros colonizados como eu. A resposta de que era colonizado e de que o colonialismo não ia resolver os nossos problemas. E que a solução dos nossos problemas e projetos teria que ser construção nossa, obra nossa.

A outra face da minha descoberta foi o surgimento de uma nova consciência. Cresci intelectualmente, cresci politicamente e tomei consciência da minha condição, da nossa condição de colonizados. Também tomei consciência de uma outra coisa muito importante: que era preciso lutar contra isso. Pessoalmente, talvez tivesse ido para além dos outros, porque tomei consciência da necessidade da minha participação pessoal, que no fundo era o mais importante: a necessidade de ser interveniente ativo no processo de libertação. Cheguei à conclusão de que também tínhamos essa responsabilidade. Descobrimos a nossa responsabilidade pessoal. E agimos de acordo com a nossa "descoberta", em coerência com o nosso posicionamento político. Sabíamos que não devíamos passar a nossa responsabilidade a terceiros. A responsabilidade era nossa. Eu dizia aos meus amigos, alguns dos mais íntimos: "É a nossa vez, nós temos de tomar essa decisão; estamos chamados a participar deste combate. E não vamos passar a nossa responsabilidade a terceiros. Um dia, quando nós chegarmos e exigirmos qualquer coisa, nos poderão responder: 'E você, onde esteve na hora do combate?'"

O senhor mencionou as conversas, os debates. O senhor havia mencionado também Geografia da fome, *de Josué de Castro, e Jorge Amado, os dois eram de esquerda. A sua formação política passava também pela leitura, além dos debates e das conversas?*

Fiz a minha autoformação. Lia muita coisa. Um dos vários livros que li foi sobre a luta dos negros nos Estados Unidos da América, e também nos influenciou bastante. A luta pelos direitos civis dos negros americanos teve influência nas nossas opções para compreender melhor a razão das coisas. Seguíamos com bastante atenção o que acontecia nos Estados Unidos da América, seguíamos com atenção o que acontecia em África e recebíamos informações da Revolução Cubana e dos países socialistas.

Não tinha participado em nenhum movimento ligado ao Partido Comunista Português, embora fosse aquele que melhor se conhecia, pelas suas atividades, porquanto agia. Não fiz parte de nenhuma organização do PCP, nem do MUD juvenil, embora houvesse quem tivesse sido membro, como o dr. Agostinho Neto, que foi preso nessa base. Até porque, estando a prestar o serviço militar, era um pouco complicado. Mas, para além disso, eu li algumas publicações do Partido Comunista Português sobre a luta dos portugueses. Quando o secretário-geral Álvaro Cunhal fugiu do forte de Peniche, fui visitar o sítio para ter uma ideia de como teria conseguido fugir de lá. Fomos lá, mas ficamos um pouco afastados. Se reparassem a nossa presença, como seria?

Tínhamos alguns companheiros na tropa com alguma sensibilidade próxima e fomos lá juntos. Deste modo, vivia-se tão intensamente um tempo de contestação surda ao regime colonial. Falei de Humberto Delgado, das eleições, depois das fugas, das prisões; acompanhamos esses acontecimentos que fizeram parte da nossa vivência, do nosso percurso e, logo, formação política.

Mas havia tentativas, por exemplo, da parte do Partido Comunista Português, de se aproximar mais, de filiá-los?

O Partido Comunista tinha os seus militantes que frequentavam a Casa dos Estudantes do Império; eram geralmente líderes estudantis da Universidade de Lisboa e do Instituto Superior Técnico, que também frequentavam a Casa dos Estudantes do Império. Com os líderes estudantis portugueses que frequentavam a Casa, as relações eram boas. O presidente Jorge Sampaio referiu-se a isso numa conferência realizada em Lisboa.

Ao mesmo tempo o senhor tinha que ter uma participação discreta, pois servia na Força Aérea portuguesa. O senhor tinha receio de essas discussões entrarem no radar da PIDE, do regime?

Aos fins de semana não estava fardado, vamos dizer que aos fins de semana eu era um cidadão, com algumas limitações, mas como os outros. Era mais um dos frequentadores dos círculos ligados à Casa dos Estudantes do Império. Se me reparassem seria como mais um, não seria nenhum elemento perigoso para eles, de modo que não havia nada de muito especial. Só me arrisquei uma vez, quando subscrevi um abaixo-assinado contra uma intervenção do governo português na gestão da Casa dos Estudantes do Império. Demitiram a direção e nomearam uma comissão administrativa. Os frequentadores da Casa fizeram um abaixo-assinado, que subscrevi, embora estivesse prestando o serviço militar. Foi o único gesto meu mais temerário, digamos assim. De resto, era mais um, mais um africano, mais um estudante, nada mais do que isso. Considero que não se interessaram muito pela minha pessoa.

Nesse período, desde que o senhor chega a Portugal até sua fuga, ocorre a luta anticolonial na África. O senhor já mencionou alguns episódios. Também foi criado, em 1957, o Movimento de Libertação Nacional das Colônias Portuguesas, em 1958 o Movimento Anticolonialista, em 1960 a Frente Revolucionária Africana pela Independência Nacional. O Senegal fica independente em 1960... Quer dizer, estão acontecendo várias coisas no continente africano.

Aqueles que nos antecederam, a geração de Amílcar Cabral, de Agostinho Neto, de Mário Pinto de Andrade e outros, transmitiram-nos um legado de luta. As mudanças em curso em África não podiam deixar de nos influenciar. Simbolizavam os nossos ideais e aquilo a que aspirávamos e pelo qual lutávamos. Eram nossos "*compagnons-de-route*". Naquela altura, o acontecimento que mais nos chocou, algo que nos marcou profundamente, foi o assassinato de Patrice Lumumba.[9] Isso mexeu muito connosco, e a pergunta de revolta que nos interpelava era: "Afinal, dão a independência e depois matam o primeiro-ministro?" Era a incoerência total: a incoerência dos poderes coloniais, a incoerência mesmo dos protagonistas congoleses da independência, a ineficácia da presença da ONU no Congo. Tudo isso buliu bastante conosco e fez-nos refletir muito. Decidiu-se que todos nós devíamos utilizar a gravata preta a partir dessa altura. A partir dessa altura, até sair de Portugal, passei a utilizar somente a gravata preta, estávamos de luto pelo assassinato de Patrice Lumumba. Isso constituiu um sinal da forma integrada como estávamos a ver a luta anticolonial, os seus riscos, a incoerência e deslealdade das políticas coloniais e a complexidade da construção das independências. Além disso, em

9. Patrice Émery Lumumba (1925-1961) nasceu no Congo e lutou contra a dominação belga em seu país e a favor dos ideais pan-africanos e anti-imperialistas. Tornou-se primeiro-ministro do Congo em 1960, porém sofreu um golpe de Estado após 12 meses de mandato e foi assassinado poucas semanas depois.

1959 houve uma grande vaga de prisões em Luanda. Em 1960 e 1961, houve o processo dos 50 em Angola, a prisão de Agostinho Neto e de outros patriotas angolanos. Alguns foram enviados para o presídio do Tarrafal, em Cabo Verde. Foram momentos que também nos levaram a refletir. Tínhamos ligação com o que se passava no Senegal, com o que se passava na Guiné, na Guiné Conacri, com o que se passava no Gana de Kwame Krumah.[10] Estávamos a par desses acontecimentos políticos, estávamos informados. Acompanhávamos o que acontecia na ONU e tínhamos as informações que nos ajudaram a decidir. Havia também a guerra da Argélia, não se pode negar a sua influência na nossa tomada de consciência.

A tomada de consciência da necessidade de se engajar na luta anticolonial, nessa altura, em que medida era sinônimo de pensamento marxista, socialista, comunista?

Já disse antes que não fui membro nem aderente de nenhum movimento próximo do PCP, mas sabia que o PCP existia, sabia que Álvaro Cunhal era o secretário-geral, que tinha fugido de Peniche, tudo isso. Portanto, a existência do PCP, a sua influência na luta contra Salazar, a sua influência na luta dos trabalhadores, nas greves etc. nessa altura era evidente. Agora, qual seria a consciência que eu tinha do mundo socialista? Está claro que as informações eram restringidas. Referi-me que havia livros proibidos e livros permitidos, e que li muitos dos livros proibidos, portanto eu escolhi o outro campo.

Eu tive contato com o marxismo, com a filosofia marxista, com o materialismo histórico, com o materialismo dialético ao sair de Portugal, com as leituras, com os debates e com a ida para a União Soviética. De modo que foi nessa base que tomamos contato com o marxismo-leninismo, ou com o marxismo, como se quiser, ou com — um bocadinho diferente — as análises marxistas das sociedades. Da filosofia marxista, li alguma coisa de Marx, li alguma coisa de Engels.

10. Kwame Nkrumah (1909-1972) foi um dos fundadores do pan-africanismo, primeiro-ministro (1957-1960) e presidente (1960-1966) de Gana.

Com efeito, tive acesso à literatura marxista depois da minha saída de Portugal. Em Portugal, não me lembro de ter lido obras da literatura marxista. Contudo, li romances, estudos e obras de escritores e intelectuais progressistas brasileiros, americanos e portugueses.

O senhor se lembra da presença feminina na Casa dos Estudantes? Havia mulheres que estavam também engajadas, fazendo parte das discussões políticas?

Sim, havia uma presença feminina, as jovens frequentavam a Casa dos Estudantes e muitas eram companheiras dos frequentadores, algumas casadas com militantes da nossa causa pela independência. Embora deva-se entender que naquela altura havia mais restrições do que agora. Mas, havia bastante presença feminina na Casa. Também eram igualmente anticolonialistas e patriotas africanas, tanto como os rapazes.

3

A fuga de Portugal e a integração ao PAIGC

"A nossa opção foi por uma espécie de vida de revolucionário profissional"

A decisão de fugir de Portugal foi em 1961, não? O senhor já mencionou os conflitos em Angola...

Quando nós — quando utilizo a palavra "nós", quero falar da minha pessoa e de dois ou três dos meus companheiros mais próximos — decidimos sair, a orientação era que fôssemos tirar o passaporte, para tentar uma saída legal. Fomos pedir o passaporte no governo civil de Lisboa. Por causa desse pedido, fui convocado para ir à PIDE, fizeram-me uma série de perguntas para saberem por que queria o passaporte. Passei no interrogatório, porque deram-me o documento.

O senhor ainda estava na Força Aérea?

Sim. Foi um ano antes da nossa fuga, algo como isso, que fui tirar o passaporte. Eu e mais dois, o Carreira e mais um alferes miliciano português, o Sanches Brito, decidimos tirar o passaporte para ver a possibilidade de uma saída legal. Tirei passaporte à espera de uma oportunidade. Isso é para se ter uma ideia de que a decisão era mesmo sair. Depois, quando surgiu a oportunidade de sair clandestinamente, aproveitei para sair. Era um grupo, e através do meu contato com o grupo de angolanos, autorizaram a minha integração naquele grupo. Saiu o primeiro grupo, nós saímos na segunda leva. Sobre a fuga, há um livro da jornalista Diana Andringa.[11] A fuga foi organizada através de uma igreja protestante alemã. Fomos acompanhados até Paris por três americanos, um mais velho e dois mais jovens. Intervieram ainda na organização alguns patriotas angolanos que nessa altura estavam instalados na Alemanha Federal.

Em Angola já havia começado a guerra colonial contra os portugueses.

Em Angola já havia começado a guerra colonial. Tinha iniciado a 4 de fevereiro de 1961 com o assalto à prisão de São Paulo em Luanda.[12] Mas antes, tinha começado uma vaga de prisões de patriotas em Luanda, que seria nos anos 1959-1960.[13]A seguir, foi reativado (1961) o presídio de Tarrafal de Santiago para receber os patriotas feitos prisioneiros e julgados na Guiné e em Angola. Os angolanos pertenceriam ao grupo ligado ao 4 de fevereiro e a outras atividades contra o colonialismo em Angola.

Mas é preciso ter em conta que também no seio do regime português havia uma crise latente, simbolizada pelo golpe de Estado falhado do general Botelho Moniz, que era ministro da Defesa.[14] E um dos elementos que integrava esse movimento era o major Costa Gomes, que depois vai ser presidente da República.[15] Quer dizer que, naquela altura, já tinha se manifestado no seio do governo português alguém que discordava da política colonial de Salazar. Influenciado por quem? Considero que teria sido influenciado, provavelmente, pelo governo americano, liderado por John F. Kennedy. Portanto, a situação não

11. ANDRINGA, Diana. "Fuga dos 100". In: CARDINA, Miguel; MARTINS, Bruno Sena (Org.). *As voltas do passado*: a guerra colonial e as lutas de libertação. Lisboa: Tinta-da-China, 2018, p. 96-101.
12. Na madrugada de 3 para 4 de fevereiro de 1961 aconteceu um ataque à prisão de São Paulo e à Casa de Reclusão Militar, com o objetivo de libertar os militantes presos naquilo que ficou conhecido como "O Processo dos 50".
13. Foram julgados em Luanda, em 1959, no chamado processo dos 60.
14. Em 1961 ocorre uma tentativa fracassada de golpe de Estado, em Portugal, por parte do general Júlio Botelho Moniz, na época ministro da Defesa.
15. Francisco da Costa Gomes foi presidente de Portugal de setembro de 1974 a junho de 1976.

estava tão segura, havia gente que discordava do recurso à guerra para resolver a questão colonial. Naquelas circunstâncias críticas, tivemos dois momentos em que o nosso quartel esteve em situação de prevenção e distribuíram-se armas aos oficiais e sargentos.

Prontidão?

Não de prontidão, mas algo semelhante a isso. Houve a tentativa de golpe de Estado do general Botelho Moniz, e em seguida o assalto ao paquete Santa Maria, por Henrique Galvão.[16] Veja que o regime estava realmente em crise. Havia um ambiente de desconfiança quanto ao futuro do império colonial. À reserva quanto à guerra colonial se deve acrescentar a contestação interna surda às decisões que foram tomadas e aos riscos que acarretavam para o futuro do país.

A sua percepção nessa altura era de que o regime salazarista não estava bem, estava com fissuras?

Talvez não tivesse a percepção da dimensão real da crise, mas pressentia-se que o país não estava bem. As únicas pessoas que não compreenderam que o país caminhava para uma crise grave foram o chefe do governo, o professor António Oliveira Salazar e o presidente da República, almirante Américo Tomaz. Deviam ter sido mais lúcidos e compreendido as ameaças, nessa altura.

Sua fuga foi em junho de 1961. O senhor optou por abandonar o curso universitário…

O curso já tinha abandonado, optado por um outro caminho, um outro projeto político e de vida.

16. Entre os dias 22 de janeiro e 4 de fevereiro, opositores sequestraram o navio Santa Maria, com o objetivo de chegar a Angola. Terminaram, contudo, no Brasil, onde pediram asilo político. Henrique Galvão foi um dos líderes desse ato.

O senhor não tinha medo, nessa altura, de uma opção tão radical? O senhor tinha 27 anos quando fugiu, ou mais ou menos isso?

Sim, tomei uma decisão radical. Podia não ter sido a mais razoável, mas foi a que me pareceu mais coerente e necessária. Era necessário fazer isso. Quem deveria fazê-lo no meu lugar? Teria que ser um de nós. Coube a mim, assim como aos meus companheiros de fuga, o dever e a obrigação de dar esse passo decisivo. Portanto, houve riscos, mas havia a necessidade de agir nesse sentido. Eu estava convencido disso, de que alguém tinha que correr o risco e me cabia fazê-lo. Se assim era, passei por cima dos riscos e da eventualidade da derrota. Caso perdêssemos, seria responsável por isso. Nós, aquele grupo, chegamos à conclusão: alguém tinha de fazer. Quem ia fazer? Ninguém nos selecionou. Quis o destino que fôssemos nós a protagonizar aquele feito ousado. E assim decidimos porque era uma necessidade histórica.

Da forma que o senhor contou essa história, parece que foi um processo quase que natural de conscientização e de decisão de se engajar na luta anticolonial. Mas houve algum momento decisivo para o senhor, de pensar: "vou ser revolucionário"?

Cheguei à conclusão de que era necessário que alguém o fizesse. Não podíamos passar a terceiros essa responsabilidade. Esperar pelos outros!? Isso seria incoerente de um lado, e de outro lado, individualista. Eu digo "é preciso fazer", mas pessoalmente não o faço? Não! Se eu digo "faz", então, faço eu mesmo. É mais uma questão de coerência moral e honestidade intelectual.

O difícil de qualquer decisão é o momento de ruptura. Estando do lado de lá, não vai voltar atrás. Esse foi o momento difícil, visto que essas decisões corajosas se tomam na solidão. É o indivíduo sozinho que toma a decisão final. E tomei-a. E mais: não estou arrependido de a ter tomado. Essa foi a necessidade histórica que cumpri. O que me competia, não posso perguntar ao outro. Nós, que lutamos pela independência, fizemos uma opção. A nossa opção foi por uma espécie de opção pela vida de revolucionário profissional. Nós éramos "revolucionários profissionais". Chegou um tempo em que não tínhamos outro trabalho. O nosso trabalho era lutar pelas independências. Essa era a opção que escolhemos. Pode-me perguntar: mas quando é que teve consciência de que optara por ser um profissional da causa? Juro que nunca tive a consciência de ser um profissional da causa. Eu agia. Não pensava: "Bom, eu sou um profissional." Eu agia e cumpria as minhas obrigações. O que fiz foi assim, sem muitas dúvidas. Não houve essa reflexão, não. Foi pela prática quotidiana e não por uma opção teórica.

Mas foi uma opção coletiva também, não? O senhor usa repetidamente a palavra "nós". Foi um grupo grande que fugiu.

Éramos um grupo de cerca de 60 jovens. Havia cabo-verdianos, angolanos, um são-tomense e moçambicanos. O presidente Joaquim Chissano foi nosso companheiro de fuga, por exemplo. Mas eram maioritariamente angolanos. Em segundo lugar, os cabo-verdianos. Digo nós, porque aquele projeto representava um destino comum e uma opção partilhada.

E da fuga em si, do que o senhor se lembra?

Informaram-me: "Saiu o primeiro grupo." Está bem, mas nós, quando vamos sair? Fiquei à espera do segundo grupo, da minha vez. O meu contato era com os angolanos, com o Henrique Carreira, em particular, que estava internado no hospital, onde tinha ido fazer uma operação na perna, sofria de varizes. Quando cheguei a Lisboa — ido de Montejunto onde prestava serviço, ia passar o fim de semana —, encontrei a mensagem do Carreira: "Eu já saí, agora você trate de encontrar o fulano — cujo número de telefone me tinha deixado —, entre em contato, através de um intermediário, com o líder que superintendia a saída, o dr. João Vieira Lopes." A seguir recebi as orientações de como devia proceder. No entanto, o Carreira pedia-me mais ou menos o seguinte: "Deixei umas coisas no quarto, gostaria que você as entregasse numa rua do bairro das Colónias". Tinha deixado uma nota com o endereço do destinatário. Nós vivíamos na mesma casa, onde tínhamos alugado dois quartos, na avenida Almirante Reis. Dá para ver o grau de proximidade e de cumplicidade entre nós dois.

Era um sábado. Fiz os contatos e informaram-me: "Nós vamos sair na segunda-feira, você só pode levar consigo um saco com o máximo de 15 quilos, nada mais que isso. Você vai ao Porto e lá será acolhido por um responsável pela fuga, pela sua organização. A partir do Porto é que vocês irão dar o salto, que era passar a fronteira portuguesa, no rio Minho." Está claro que era um pouco apertado.

Começo a organizar a minha saída. Vou ter com meu camarada e amigo Jorge Querido, tirei todas as coisas que tinha do quarto. Creio que ofereci algumas coisas de que precisasse e lhe entreguei as coisas que devia depositar, depois da minha saída — os meus livros e o que sobrou de roupa —, em casa das tias que eu tinha em Lisboa, na rua Pedro Álvares Cabral. Nessa preparação ofereci aquilo que não podia levar comigo e preparei a minha saída. Fui me despedir das minhas tias, que tinham o contato com os meus pais e irmãos em Cabo Verde, e disse-lhes: "Bom, como já sabem, vou sair. Se perguntarem por mim, comuniquem que decidi abandonar Portugal." Assim aconteceu.

Passei aquele fim de semana muito atarefado e inquieto. Fui comprar e preparar o saco, que devia levar comigo. Organizei a viagem em comunicação com aqueles que iam fazer a mesma viagem de comboio ao Porto. Disseram-me que iam sair naquela tarde e nos cruzamos no comboio. Não olhamos um para o outro, porque era preciso fingir que não nos conhecíamos. Levava meu jornal a fingir que lia, mas estava a segui-los, de soslaio, e eles também a me seguir. Foram meus companheiros daquela viagem de comboio o Manuel e a Lilica Boal, depois meus companheiros no PAIGC. Desse grupo de fugitivos, residem atualmente na cidade da Praia, para além dos dois, a Amélia Araújo, a Elisa Andrade e o Osvaldo Lopes da Silva. Hoje, somos todos octogenários.

Chegamos à estação de comboio no Porto à noite. Fomos acolhidos por um angolano, o Africano Neto, que também seria nosso companheiro de viagem. Concentramo-nos numa pracinha por ali e lá ficamos à espera da partida para a fronteira. Partimos. Tivemos um azar, porque quando chegamos, de madrugada, o passador não apareceu. Teria suspendido a operação clandestina por falta de segurança porque a guarda-fiscal ou qualquer entidade estava a controlar o rio. Voltamos ao Porto e fui dormir numa pensão, à espera da noite seguinte.

Na noite seguinte, conseguimos cruzar a fronteira, passamos o rio Minho, subimos uma pequena encosta e instalaram-nos num casebre. Fomos acolhidos pelos amigos americanos que tinham trazido uns automóveis para nos transportar. Estávamos na Galiza, passamos por Santiago de Compostela e continuamos a viagem até San Sebastián, no país basco, onde devíamos cruzar a fronteira francesa. Confesso que não guardo muito bem a memória desse percurso. Teríamos que dormir e comer nalgum sítio, que foi o que fizemos. Prosseguimos a viagem e, chegando a San Sebastián, ficamos à espera da autorização para passar a fronteira. Como documento de viagem tínhamos um salvo-conduto senegalês. Na operação anterior parece que tinham encontrado um polícia, que seria cúmplice da operação, e permitiu a passagem da fronteira aos outros nossos correligionários. Conosco foram mais exigentes e não permitiram a nossa passagem. Daí, levaram-nos para uma prisão, num antigo convento, onde passamos a noite.

A coisa complicou-se, e a solução mais provável seria que nos mandassem de volta para Portugal. Tínhamos conosco três pessoas que estavam a prestar o serviço militar: eu, o Carreira e o Africano Neto. Nós, os três, tínhamos uma situação mais complicada. Alguns foram chamados à polícia, onde foram interrogados. A mim me levaram à polícia, mas não fui interrogado. Fiquei um longo tempo à espera. No fim, comunicaram-nos que tinham permitido a nossa passagem e fomos libertados. Como? Quem teria influenciado? Nessa altura já tinham descoberto que éramos originários das colónias portuguesas e que éramos na maioria estudantes; portanto, a nossa identificação já estava feita. Se devíamos continuar ou não, passar para a França, quem decidiu, quem defendeu a nossa causa, não estou dentro desse assunto: teriam sido os americanos ou franceses. Quem teria feito a intervenção em França seriam pessoas que deviam ter bastante influência junto ao governo francês, teria sido o líder de uma organização francesa que acolhia os refugiados da Europa do Leste, a CIMADE,[17] Jacques Beaumont? Como ele tinha conseguido resolver esse problema? O que sei é que resolveu: autorizaram-nos a passar a fronteira e festejamos a nossa libertação num restaurante em França com muito entusiasmo, mas ao mesmo tempo com muita emoção, porque passamos bem a primeira prova de fogo. Depois continuamos a viagem a Paris de comboio.

Em Paris, estava-se em plena guerra da Argélia, não podemos esquecer isso, e havia muita repressão. Havia cadáveres de argelinos que flutuavam no rio Sena. Passamos algumas semanas na CIMADE, e nossa preocupação era: o que fazer, para onde vamos, qual é o destino que se nos reserva? Fomos visitados por Mário Pinto de Andrade, presidente do Movimento Popular de Libertação de Angola (MPLA); do lado de Cabo Verde, visitou-nos a Dulce Almada Duarte, ligada ao PAIGC, que era leitora de português na universidade em Caen. Eduardo Mondelane também esteve lá. Teriam estado igualmente Marcelino dos Santos, secretário-geral da Conferência das Organizações Nacionalistas das Colónias Portuguesas (CONCP), e outros dirigentes angolanos. Entretanto, os angolanos, Henrique Carreira e um outro, foram comunicar-me: "Nós decidimos sair de França e ir para o Gana, um estado africano independente." Respondi: "Está bem, vamos, eu também continuo a viagem até o Gana, não há problema." O Alto Comissariado do Gana em Londres tinha-nos concedido os passaportes

17. CIMADE (Comité Inter-Mouvements Auprès Des Évacués) é uma organização não governamental francesa que nasceu no início da II Guerra Mundial. Durantes as guerras de libertação das colônias africanas, posicionou-se favorável às emancipações. Jacques Beaumont era pastor e foi secretário-geral da CIMADE de 1956 a 1968. Disponível em: <www.lacimade.org/presse/deces-du-pasteur-jacques-beaumont-ancien-secretaire-general-de-la-cimade/>. Acesso em: 13 dez. 2019.

para a viagem. O nosso acompanhante no percurso Paris-Bonn foi o célebre advogado francês anticolonialista Jacques Vergès, já falecido.[18] Em Bonn, tomamos um voo, com escala em Amsterdã, com destino a Acra, capital do Gana.

Em Paris, dividimo-nos em dois grupos: os que optaram por ficar temporariamente na Europa e os que optaram por ir a um país africano independente. Optamos por ir ao Gana, porque no fundo saímos para isso, não fazia sentido parar pelo caminho. Ainda tínhamos muita preocupação quanto à nossa autonomia de decisão. Não queríamos que fôssemos condicionados em nossas decisões e opções por qualquer governo europeu. Então, escolhemos ir ao Gana. Passamos alguns dias no centro de acolhimento da CIMADE, situado em Sèvres, perto de Paris. Tínhamos participado nas comemorações do 14 de julho no Boulevard Saint-Germain.

Em Acra, o senhor fica quanto tempo?

Eu acredito que ficamos mais de um mês. Foi a partir de Acra que houve uma redistribuição dos membros do nosso grupo. Os angolanos que estavam ligados ao MPLA seguiram as instruções do seu partido. Os médicos angolanos já formados foram para Leopoldville, atual Kinshasa, e os outros foram continuar os estudos. Dos cabo-verdianos, eu e o Osvaldo Lopes da Silva seguimos para Conacri, onde estava instalado o Secretariado-Geral do PAIGC. Depois juntaram-se ao PAIGC a Lilica Boal, o doutor Manuel Boal, o José Araújo e a esposa, Amélia Araújo. Foi nessa altura, em Acra, que tive o primeiro encontro com Amílcar Cabral.

Foi a primeira vez que o senhor o encontrou?

A primeira vez, sim, fisicamente. A seguir, ele criou as condições para que viajássemos a Conacri.

18. Jacques Vergès (1924-2013) era um advogado francês que ganhara muito prestígio como anticolonialista e advogado dos combatentes da Revolução Argelina. Foi casado com uma famosa combatente e heroína argelina, Djamila Bouhired.

Aí o senhor já passou a estar oficialmente engajado no PAIGC, nos quadros do Partido?

Em Conacri, foi a "integração oficial" no PAIGC, já podíamos dizer. Foi nessa altura que eu decidi ficar em África, abraçando, podemos dizer, a vida de "profissional pela causa". Foi aí que ocorreu, como se diz, a tomada final da decisão. Mas também não tinha ideia de que se pudesse considerar o meu engajamento como tal. O meu pensamento era: "Eu vim para fazer isso e faço, e pronto, não há mais considerações." Foi ser coerente com a escolha que tinha feito.

E o que era o "fazer"? Era ir a campo, falar com pessoas, conversar...

Era cumprir as tarefas que me coubessem. Era estar à disposição do PAIGC, da sua direção, para cumprir as missões que me fossem atribuídas. Assim, fiz uma curta estada em Rabat, em Marrocos, na intenção de procurar a forma de retomar o contato com Portugal, com meus companheiros que estavam lá. Não foi possível concretizar aquele propósito. Permaneci algum tempo aí, uns quatro, cinco, seis meses, agregado ao Secretariado da CONCP. Aquele Secretariado era dirigido por Marcelino dos Santos, de Moçambique. Trabalhavam com ele Aquino Bragança, um goês que passou a fazer parte da Frente de Libertação de Moçambique (FRELIMO), e uma cabo-verdiana, Amália Fonseca, que era a secretária. Casou-se com um angolano, foi viver em Angola depois da independência e lá faleceu.

Quando comuniquei à direção do PAIGC a impossibilidade de cumprir o que eu tinha proposto realizar, regressei a Conacri e fui destacado para trabalhar em Dakar, como militante do PAIGC, no seio da comunidade cabo-verdiana residente no Senegal. O trabalho com a comunidade cabo-verdiana era a minha missão principal, embora tivesse conseguido uma bolsa da Universidade de Dakar, mas aquilo era para poder sobreviver. Cumpri essa missão política durante mais de dois anos, procurando convencer, persuadir e recrutar militantes e combatentes para a nossa luta pela independência. Julgo ter feito um bom trabalho, e é pelos resultados que podemos avaliar o que fazemos. Considero que o PAIGC ganhou muita influência e presença em Dakar através do trabalho que eu e alguns companheiros, que encontrei lá, fizemos.

Depois desse tempo em Dakar, achou-se que eu devia acompanhar um grupo de guineenses que iam fazer a formação na União Soviética, em Moscovo. Desse grupo fazia parte uma senhora, Carmem Pereira,[19] que viria a ser uma das grandes líderes da PAIGC. Terminada a formação, quando regressamos, perguntei a Amílcar Cabral: "Diga-me o que eu vou fazer, quando é que vou entrar para fazer o trabalho junto da população e dos combatentes?" Ao que me respondeu: "Não, tu tens uma outra missão." Fui representar o PAIGC no Vietnã do Norte, numa conferência de sindicatos de apoio ao povo vietnamita na luta contra a agressão americana. Naquela altura, o Vietnã era atacado pelos bombardeiros estratégicos americanos. Pude ver os restos de aviões abatidos e pude estar no porto de Haifong, que tinha sido atingido pelos ataques aéreos americanos. Os delegados estavam em Hanói e puderam tomar contato com aquela realidade e com a violência que a caracterizava. Após o fim da guerra de libertação contra os franceses, teve início a guerra de agressão americana.

Em Vietnã, naquela altura, tive a oportunidade de conhecer uma grande figura histórica e revolucionária, o ícone que simbolizava a vontade libertadora dos vietnamitas, que era Ho Chi Minh, a quem carinhosamente chamavam Tio Ho, e conheci uma outra figura histórica célebre e que deve ter sido um dos estrategistas militares mais brilhantes do século XX, o general Nguyen Giap.[20] Com efeito, tive o

---

19. Carmen Pereira (1937-2016) nasceu em Guiné-Bissau. Em 1962 se juntou ao PAIGC e em 1964 deixou o país para se envolver com o partido de forma integral. No ano seguinte, foi para a União Soviética fazer treinamento de enfermagem. Com a luta de libertação em progresso, torna-se a comissária política para a Frente Sul do país. Era a única mulher no Comitê Executivo de Luta do partido (LOBBAN, Richard; LOPES, Marlene. *Historical Dictionary of the Republic of Cape Verde*. 3. ed. Londres: The Scarecrow Press, 1995, p. 167.

20. O nome original de Ho Chi Min era Nguyen Sing Cung; nasceu em 1890 e morreu em 1969, viajou muito e participou na fundação do Partido Comunista Francês. O general Vo Nguyen Giap nasceu em 1911 e faleceu em 2013, com 102 anos.

privilégio de conhecer duas personalidades extraordinárias do mundo que lutava contra a dominação colonial. Uma experiência inolvidável para um iniciante, que foi, num curto espaço de tempo, ter encontrado essas duas personalidades excepcionais. Ho Chi Minh era uma de uma enorme simplicidade. E era frágil, ninguém podia pensar que encarnasse aquela força que tinha inspirado e conduzido o Vietnã a lutar pela sua independência e a vencer a agressão e ocupação estrangeira. Ninguém podia supor que aquele homem, aquele corpo franzino, pudesse carregar tanta energia, tanta determinação. É uma das minhas recordações mais aprazíveis daquela visita ao Vietnã, por cujo povo tenho uma enorme admiração.

Em que língua se comunicava com eles?

Francês. Falava razoavelmente o francês, já tinha passado algum tempo em Dakar, onde melhorei o meu francês. Até hoje, a língua que falo melhor, além do português e do crioulo, é o francês. Não sou da geração do inglês.

Quanto tempo o senhor passou lá?

Algo como uma semana a duas semanas. Estivemos na Conferência de Solidariedade com o Vietnã contra a agressão americana. Terminada a conferência, regressamos, fazendo o percurso inverso: Hanói-Pequim-Moscovo-Conacri. De regresso a Conacri, fui encarregado de uma nova missão, sempre ligada à luta em Cabo Verde, que devia ocorrer em França. Fui incumbido de estabelecer o contato com emigrantes cabo-verdianos recém-chegados à França e instalados na região de Moselle, em colaboração com os estudantes cabo-verdianos militantes do PAIGC que tinham também acabado de sair de Portugal para a preparação e a organização do recrutamento de combatentes para a luta armada em Cabo Verde. Dentre eles destaco os comandantes Júlio de Carvalho, Olívio Pires e Manecas Santos.

Em Dakar, o senhor já tinha tido essa missão de recrutamento. Em que consistia?

Em Dakar encontrei um jovem com sentimentos nacionalistas e patrióticos muito fortes que já conhecia de São Vicente, o António Leite. Foi a minha primeira surpresa agradável. Encontrei outros jovens que conhecia do Fogo, e, por fim, encontrei alguns parentes meus. Foi esse pequeno grupo inicial de conhecidos que me permitiu chegar a mais pessoas e alargar o meu espaço de ação e fazer o trabalho de mobilização de partidários da luta de liberação nacional. Ia aos bairros, ia às casas das pessoas acompanhado por membros do núcleo inicial daquelas pessoas que encontrei lá. Trabalhei essencialmente com cabo-verdianos e menos com guineenses. Tinha contato, está claro, também com os senegaleses e, em especial, com estudantes da Universidade de Dakar, onde me encontrava matriculado.

O senhor ficou mais de dois anos em Dakar, no Senegal. Qual era a relação com o governo de Leopold Senghor, que era o presidente desde a independência, em 1960? Ele apoiava a luta de libertação? Qual era o posicionamento dele em relação ao movimento?

Eu nunca tive contacto direto com o presidente Senghor, quando era militante do PAIGC. Está claro que ele não poderia deixar de apoiar o PAIGC, tendo em conta que ele mesmo fez a luta política e social pelo movimento de independência do Senegal. E, mais do que isso, foi o grande poeta da negritude. Teria que ser coerente consigo próprio. Se teria algumas reticências, penso que sim, sobretudo, em direção a dois aspectos. O primeiro seria a existência da luta armada na fronteira sul do Senegal e quais seriam os efeitos e os riscos que isso poderia ter para o país dele. A segunda preocupação é sobre a natureza política do próprio partido que conduzia a luta, o PAIGC, na medida em que houve no Senegal um partido marxista, plurinacional, com o mesmo nome: Partido Africano de Independência. Ora, nós não éramos um partido membro de uma outra organização que englobasse vários países. Éramos tão somente Guiné e Cabo Verde. O outro partido (PAI) integrava vários países da África ocidental. Inicialmente, houve essa preocupação, uma dúvida que o preocupava. Tudo isso se desfez com o contato e o aprofundamento das relações pessoais que estabeleceu com Amílcar Cabral. Mas Senghor, a meu ver, mantinha essa renitência: luta armada ou não? Essa era a grande dúvida e a reserva dele. Não dava um apoio entusiástico, com manifestações públicas. Era bastante discreto nesse aspecto. Era a favor da libertação das colónias portuguesas, mas mantinha dúvidas sobre as vias, os métodos de luta para lá chegar.

O senhor se sentia politicamente seguro no Senegal, trazendo pessoas para o movimento de independência?

Eu não tive nenhum problema. Pelo contrário, tinha boas relações com as autoridades senegalesas, principalmente com o Ministério do Interior, porquanto tinha a função de tratar da documentação naquele ministério para o encaminhamento dos membros do PAIGC que faziam viagens Dakar-Conacri. Nesse aspecto, encontrei toda a abertura. Não tínhamos restrições. Um outro inconveniente era que o Senegal mantinha relações com Portugal; havia uma embaixada portuguesa em Dakar. Essa embaixada fazia um trabalho de sapa, uma contracampanha contra o PAIGC. Isso incomodava um pouco, não posso negá-lo. No entanto, esse obstáculo deixou de existir a partir da fundação da Organização da Unidade Africana em 1963,[21] que recomendou a todos os seus membros que tivessem relações diplomáticas com Portugal que as suspendessem, e àqueles que não as tivessem, que prescindissem de estabelecer essas relações.

Quando o senhor conheceu pessoalmente Amílcar Cabral, qual foi sua impressão? O senhor já ouvira falar dele, é claro. Mas qual foi sua impressão ao conhecê-lo?

Encontrei-me, pela primeira vez, com Amílcar Cabral no Gana. A partir dessa altura, mantive relações de companheirismo, de fraternidade

21. A Organização da Unidade Africana foi fundada em 1963 com o objetivo de incentivar o desenvolvimento do continente. Em 2002, ela se tornou a União Africana (UA).

e de muita proximidade com Cabral. Era um líder muito atencioso e próximo dos seus companheiros. Geralmente, quando ouvimos falar de alguém que é brilhante, que é grande, imaginámo-lo fisicamente grande. Não era o caso, tinha mais ou menos a minha altura. Mas era uma pessoa com grande dinamismo. Ao mesmo tempo, possuía uma grande capacidade de diálogo, uma grande capacidade de persuasão, de convencer as pessoas. Era uma pessoa atraente, brilhante e inteligente. Era essa a pessoa com a qual convivi de perto durante cerca de 12 anos de partilha de ideais e de um combate comum, até seu assassinato em janeiro de 1973.

O senhor passou a participar da vida do partido nessa altura e recebeu as missões importantes que mencionou, que o guiavam para cá ou para lá. Como foi ganhar a confiança dele?

Isso agora é que eu não sei... Não posso saber por que e como. O único fator que pudesse despertar essa confiança é a opção que eu tomei e o percurso ousado que fiz até chegar a Conacri. Talvez, também, se é obrigado a acreditar, a aceitar, a confiar, porque temos de arriscar e nunca temos uma confiança total. Sei lá, a confiança se descobre, se constrói e se fortalece com o relacionamento pessoal, a observação das condutas, das atitudes e do empenho e coerência pessoal. Uma questão é certa: estabelecemos uma relação de confiança; confiou bastante, seja na minha capacidade, seja também na minha coerência, na minha lealdade e na minha dedicação à luta de libertação dos dois países. Mas quanto ao resto, como isso se estabeleceu e como se desenvolveu, seria ele a pessoa mais indicada a dar resposta a essa questão de foro pessoal.

Ele era o líder do partido, sempre foi. Qual era o estilo dele de liderança? Como ele era no cotidiano com os companheiros?

Amílcar Cabral já tinha feito um percurso político e de liderança em Portugal, no seio da Casa dos Estudantes do Império; já tinha feito um percurso como profissional, era um excelente profissional. Um técnico reconhecido, muito capaz, que trabalhou em Portugal, em Angola e na Guiné. O trabalho que fez na Guiné, como engenheiro agrónomo, não tinha sido feito antes, e acredito que tenha sido uma referência na matéria. Era um profissional muito racional, honesto consigo próprio. Concentravam-se na sua pessoa todas essas qualidades. Seguramente passou pelo crivo das dificuldades, das renúncias e dos desafios decorrentes da sua escolha pessoal, da sua ação militante clandestina para que não fosse preso. Como nós, teve que agir, intervir em contextos sociopolíticos que desconhecia, cultivar e construir novas relações humanas em busca da conquista e ocupação de outros espaços políticos e sociais que a luta lhe exigia. Estou convencido de que foi aprendendo enquanto agia, foi observando que ganhou mais experiência e adquiriu novas capacidades. O importante, nele, é que era uma pessoa honesta consigo própria e decidida a cumprir integralmente o seu compromisso indeclinável com a libertação de Guiné e de Cabo Verde, mas igualmente com a libertação africana. Havia um compromisso com os nossos países e com a África. Amílcar Cabral caracterizou-se como um africano comprometido e afirmara: "Sou um simples africano, cumprindo o meu dever no meu próprio país, no contexto do nosso tempo."

Vamos retornar um pouco e falar da sua formação na União Soviética. O senhor passou quanto tempo lá?

Estive na União Soviética durante 10 meses, de modo que não dava para se formar muito. O que aprendi lá eu já sabia pelos livros, já os tinha estudado. Dirigi o grupo e apoiei os professores na ministração das aulas. A diferença intelectual entre nós era enorme. Apoiava os formandos e completava o trabalho dos formadores. Com efeito, fazia os papéis de formando e de formador.

Em que língua falava com os soviéticos?

Entre nós, falávamos em crioulo. Com eles, em português. Eles tinham um intérprete que trabalhava o português/russo e o russo/português.

Esse grupo era de quantas pessoas, mais ou menos?

Não era muito grande, cerca de 20 pessoas.

Essa formação era formação ideológica, teórica, ou formação militar?

Política, eu diria. A visão que tinham eles do mundo, a visão dos movimentos de libertação nacional, a visão do movimento comunista internacional. Alguns rudimentos daquilo a que podíamos chamar de filosofia marxista. E um pouco da história e dos movimentos de libertação africana, como se formaram; também sobre as relações internacionais, sobre a última grande guerra etc. Não era uma formação muito profunda; eram rudimentares. Para além disso, aprendemos um pouco a língua russa. Valeu porque fomos descobrir uma nova realidade.

E a vida em Moscou?

Eu vivia numa grande residência fora de Moscovo, ao lado tinha um pomar, um espaço para agricultura. A ida, de vez em quando, a Moscovo, aos fins de semana, ver as lojas, idas ao teatro Bolshoi, visitas à praça Vermelha, às exposições, algum cinema, mais ou menos isso. Conheci um pouco a cidade de Moscovo, mas não convivi com as pessoas, pois estávamos num contexto de muita discrição em relação ao resto.

Em relação à visão política, a União Soviética considerava a luta de libertação na África como parte do movimento comunista internacional, não?

Há uma diferença entre as duas coisas, penso que eles consideravam que houvesse fins convergentes no sentido de eliminar o colonialismo e de enfraquecer o imperialismo ocidental e que isso pudesse abrir perspectivas para outras relações no futuro. Mas eram duas coisas diferentes: o movimento comunista internacional era incarnado pelos partidos comunistas clássicos e os movimentos de libertação africana eram organizações combatentes de diversa natureza ideológica.

Naquela altura, qual a diferença entre União Soviética e China?

O conflito ideológico entre os dois? Naquela altura, estamos em 1964... Não sei se teria chegado ao auge, ao ponto mais crítico, mas mantinham-se as diferenças de visão quanto ao futuro da humanidade, sobre as relações com o mundo ocidental e sobre as relações com as lutas de libertação nacional e o Terceiro Mundo, de como agir para mudar o mundo.

O senhor já mencionou os acontecimentos em Cuba, a Revolução Cubana.

Sim. Ainda em Portugal, estava relativamente informado sobre a Revolução Cubana, antes e depois do seu triunfo, em 1959. Fomos acompanhando aquele processo que esteve muito em voga. No Terceiro Mundo e nas colónias, não se podia ignorar Cuba, Fidel e Che Guevara. Faziam parte do nosso imaginário, enquanto combatentes da liberdade e anticolonialistas. Fui conhecer Cuba, Fidel Castro, Raul Castro, Juan Almeida, Osmane Cinfuegos e outros líderes cubanos em 1966, por ocasião da realização da Conferência Tricontinental, em Havana, em que integrei a delegação do PAIGC.

Nesse período, antes de o senhor conhecer Cuba, qual era a imagem que tinha da Revolução Cubana? Ela servia de modelo?

A minha impressão é que tinha e tem um sentido épico e romântico, da luta de David contra Golias. Encerra a visão romântica de Fidel Castro, barbudo, na Sierra Maestra. Lembro-me de uma grande reportagem que saiu numa revista francesa, creio que foi na *Paris Macth*, sobre os guerrilheiros barbudos. Aquela reportagem impressionou-me. Impressionavam a juventude, a entrega e o idealismo dos jovens barbudos. Está claro que impressionava a qualquer jovem. E houve uma altura em que a Revolução Cubana esteve na moda em toda a Europa.

Penso que a esquerda europeia se apaixonou bastante pela Revolução Cubana. Era uma revolução diferente, de jovens idealistas, generosos e irreverentes. Presentemente, Fidel Castro e Che Guevara são figuras míticas que alimentam as aspirações de povos e de classes pobres dos países centro e sul-americanos.

O senhor mencionou também que ficou muito impressionado no Vietnã do Norte com a luta contra um adversário muito mais poderoso. Quer dizer, os vietcongues tiveram um enfrentamento diferente...

Fala-se em crimes contra a humanidade. Considero que se deveria investigar o que aconteceu com as invasões e agressões que tiveram lugar no Vietnã. Durante a minha autoformação política e militar, li bastante sobre o Vietnã. Era uma fonte de inspiração para aqueles que faziam uma guerra de guerrilha. Naquele conflito, foi feita a utilização de todos os meios militares possíveis para não perder a guerra contra os *vietcongues*. Do lado americano, foi utilizado todo o poderio bélico disponível na intenção do esmagamento dos vietcongues. Os bombardeiros B-52 lançavam bombas potentes e em quantidades vastíssimas para destruir os túneis e os abrigos subterrâneos dos vietcongues, utilizavam os gases venenosos, o agente "*orange*", para destruir as florestas que serviam de cobertura e esconderijo aos guerrilheiros.[22] Até hoje, permanecem os efeitos nefastos, em pessoas e nos terrenos agrícolas, da utilização criminosa daquele herbicida venenoso que destruía tanto as florestas e as culturas alimentares como envenenava a água. Aquilo foi uma violência excessiva e desproporcional contra um país, contra um povo, relativamente pequeno. Fala-se muito hoje em "crime contra a humanidade". Penso que devia-se aprofundar essa ideia para ver quem cometeu e quem não cometeu crime contra a humanidade! É provável que esta matéria tenha sido investigada pelo Tribunal Russel-Sartre, em Estocolmo. Os vietnamitas dispunham de centenas de quilómetros de túneis. Como destruir esses túneis? O Estado-Maior americano decidiu pelo bombardeamento intensivo, em tapete, com bombas poderosíssimas causando prejuízos materiais incomensuráveis aos vietnamitas. Como os vietcongs também se escondiam nas

22. "*Agent orange*", "agente laranja", desfolhante químico usado pelos americanos no Vietnã.

florestas, planejaram a eliminação das florestas. Os efeitos nocivos do uso dos desfolhantes químicos (o "agente *orange*") se sentem ainda hoje. As deformações transmitem-se de geração em geração.

Tenho uma enorme admiração pelos vietnamitas. Considero que deve ser o povo mais corajoso do mundo. Deve-se ter em conta essa grande capacidade de resistência deles. Outrossim, a grande referência histórica do Vietnã e internacionalmente celebrada é Dien-Bien-Phu, a grande batalha em que derrotaram o Exército francês, com a capitulação de milhares de oficiais e soldados. Aquilo não foi uma brincadeira. Foi uma batalha muito árdua. Como não tinham meios motorizados de transporte, os canhões foram empurrados pelos soldados por encostas íngremes das montanhas que dominavam o campo de batalha. É um povo que força a nossa admiração. Sabe que o Vietnã, depois, venceu os chineses numa guerra de fronteiras? É um povo muito especial.

4

A opção pela luta armada

"Não havia outra forma de derrotar não só o colonialismo, mas também o fascismo português"

Gostaria de voltar ao PAIGC e falar sobre a luta armada. O senhor se uniu a um partido que fez a opção pela luta armada no início de 1963.

Integrei formalmente as fileiras do PAIGC em 1961. A luta armada, a violência armada impôs-se na altura como o meio político e armado mais eficaz para combater o colonialismo. A repressão armada e a coerção policial e judicial contra os movimentos de libertação tinham começado, porém, muito antes, no mínimo em 1959, se não se levar em conta o massacre de Batepá, em São Tomé e Príncipe, em 1953. O primeiro grupo de combatentes do PAIGC para a condução da luta armada, ou seja, da guerrilha, foi formado na China. Deve ter visto a fotografia de Amílcar Cabral com vários deles, entre os quais podemos identificar os comandantes Nino Vieira, Domingos Ramos, Chico Mendes, Osvaldo Vieira, Constantino Teixeira, Vitorino Costa e Arafan Mané. Esse foi o grupo inicial. Os seus membros tiveram um papel importantíssimo na organização das populações e dos militantes na resistência à forte repressão colonial e na criação das bases humanas e materiais para o lançamento da luta político-armada. Após esse grupo original formado na China, mais combatentes foram formados em outros países. Nessa fotografia que têm aí, em que apareço com Amílcar Cabral, é um grupo que foi formado em Marrocos. Foram formados 20 ou quase 30 num campo de treinos de Marrocos, num quartel situado perto do local em que se deu a batalha de Alcácer-Quibir, onde fui visitá-los. A fotografia foi feita na gare marítima do porto de Casablanca.

O senhor participou dessa formação também?

Não, não participei naquela formação. Encontrava-me numa missão em Marrocos. Só mais tarde, em 1966, fui fazer a preparação militar em Cuba. Entretanto, continuavam-se os trabalhos de recrutamento e de formação. Outros foram formados na Argélia, na União Soviética, na Iugoslávia e em vários outros países. O primeiro passo de preparação foi dado com a China, com um grupo que podíamos considerar pioneiro e de elite.

O primeiro envio de armas para Guiné-Conacri teria ido a partir de Marrocos, penso que em 1962. Aquelas armas eram provenientes da Tchecoslováquia e oferecidas, provavelmente, pelo governo marroquino. Foram de barco de Casablanca a Conacri. Não teria sido o primeiro envio de armas. Era sempre um transporte feito a conta-gotas, porque não havia uma autorização clara do governo guineense para a entrada de armas de guerra no seu território. O que aconteceu é que só posteriormente o governo da República da Guiné decidiu autorizar a circulação quase livre de armas de guerra do PAIGC dentro do seu território.

Ora, deu-se, precisamente, um incidente muito grave com essas armas e munições provenientes de Marrocos e desembarcadas no porto de Conacri. Como havia naquele porto muitos roubos, alguém foi arrombar um dos fardos que transportava as armas e munições provenientes de Casablanca e deu, inesperadamente, com munições, quando estava previsto que fossem latas de sardinha ou outra mercadoria de consumo corrente. Provocou-se um grande alvoroço e surpresa, não era para ser menos. Com isso, os dirigentes do PAIGC que estavam presentes em Conacri foram detidos e encarcerados, porque tinham organizado a entrada ilegal de armas de guerra "para preparar um golpe de Estado contra o governo da Guiné". Aristides Pereira,

Luís Cabral, Constantino Teixeira, Otto Schacht e os demais dirigentes presentes foram detidos e encarcerados, como "golpistas".

Quem não estava em Conacri era Amílcar Cabral, que se encontrava em Rabat. Encontrava-me em Dakar, cumprindo a missão política no seio da comunidade cabo-verdiana residente no Senegal. Foram necessárias explicações e pedidos de desculpas do PAIGC e houve uma intensa negociação com o presidente Sékou Touré e a intermediação do Marrocos e de outros amigos para a clarificação do acontecido. Com os esclarecimentos convincentes apresentados pela direção do PAIGC, a situação ficou clarificada e as relações com o governo da Guiné atingiram um nível de grande confiança recíproca. Foi um mal que terminou por bem. A partir daquela altura, o governo da Guiné autorizou, num gesto magnânimo de muita solidariedade política e de confiança, a circulação "livre" no seu território de armas de guerra pertencentes ao PAIGC. Foi um caso inédito em África e representava um comprometimento firme e solidário daquele governo com as lutas de libertação da Guiné-Bissau e Cabo Verde, de que somos devedores de reconhecimento e de muita gratidão.

Quer dizer, o temor era que as armas fossem utilizadas na própria Guiné Conacri, contra o governo?

Ninguém quer armas de guerra circulando no seu país sem a sua autorização e controlo. Mas por que se teve aquele comportamento temerário? Forçou-se a mão ao governo, porque a repressão das populações tinha-se tornado insuportável e havia vários pedidos de autorização e não havia maneira de serem aprovados. Então, em situação de muita necessidade, optou-se pela via ilegal e clandestina, em que armas e munições foram entrando e passando furtivamente no porto, pouco a pouco. A situação tornara-se insustentável com o grande aumento da repressão portuguesa. E era preciso arranjar armas! Arriscou-se e tentou-se essa entrada clandestina e ilegal. Gerou-se aquele incidente perigoso, que por fim teve um resultado vantajoso e desejável para o PAIGC.

O senhor já mencionou em entrevistas a leitura de uma biografia de Gandhi, a respeito da luta não armada, da desobediência civil. O senhor lembra dessa leitura?

Sim, antes de optar pela luta armada, de aceitar o princípio da luta armada, eu li a biografia de Gandhi. Era um homem extraordinário e tinha suas convicções pacifistas, e as levou até as últimas consequências. Com isso, conseguiu mobilizar os indianos e alcançou a libertação do país do colonialismo inglês. Por fim, foi sacrificado pelas suas convicções. Havia na Índia várias sensibilidades religiosas e culturais. É uma sociedade plural. Os hinduístas mais radicais discordavam da não violência de Mahatma Gandhi. Discordavam da atitude pacífica, persuasiva e pacifista; talvez propusessem o uso da violência. Mas a teoria, o posicionamento de Gandhi para Índia foi válido e bem-sucedido. Não sei se seria válido para outras sociedades, pode ser até que fosse. Mas para o nosso caso, era impossível perfilhá-lo e aplicá-lo.

Mas essa opção pela luta armada foi clara? Era a única forma de se revoltar contra o colonialismo português?

Não havia outra forma. Não havia outra forma de derrotar não só o colonialismo, mas derrotar juntamente o fascismo português. Portugal não estava em condições de seguir uma via pacífica e negociada. Não estava em condições de negociar com quem quer que fosse, porque o regime dependia política e economicamente do colonialismo. Ele só tinha futuro, tal como existia, aliado ao regime colonial. O fim do colonialismo seria o fim do regime instituído em Portugal, o regime de Salazar, depois de Marcelo Caetano e outros. Portanto, havia uma ligação intrínseca entre uma coisa e outra. É tanto assim que morreu, ou terminou, com a derrocada do colonialismo. Foi a derrocada do império colonial que forçou o termo daquele regime português. Consequentemente, os dois sistemas, que se retroalimentavam, estavam condenados a um fim simultâneo. Era complicado, eu não via outra saída porque havia uma ligação de vida e de morte entre o colonialismo português e o regime fascista ou ditatorial instituído na metrópole colonial. Foi o fim império colonial que arrastou o fim do regime político instalado em Portugal.

E a guerra colonial, como eles chamam, o foco inicial era em Angola, e Guiné entrou um pouco depois nas preocupações portuguesas?

Começou em Angola. Prosseguiu na Guiné-Bissau. Em Moçambique foi mais tarde, entretanto, curiosamente, já tinha havido o sinal anunciador, que foi o massacre de Muedas,[23] no Norte, antes do início da guerra em Angola. Depois, houve o caso de Angola, que tem também alguma ligação com o processo que conduziu à independência do antigo Congo Belga. Ter-se-ia verificado um fenómeno de osmose e de "contaminação" política e independentista entre pessoas da mesma etnia residentes nos dois lados da fronteira entre as duas colónias.

E como se inicia a luta armada? Como se organiza a guerrilha?

Há uma teoria da guerra antissubversiva que diz, mais ou menos, o seguinte: primeiro, tenta-se matar a rebelião no ovo, com uma repressão cega contra a população desarmada. Segundo, procura-se isolar a rebelião, através do encerramento das fronteiras. Isso aconteceu na Guiné. A terceira, que também é uma tentativa de solução militar, é procurar, cercar e destruir as unidades guerrilheiras. A quarta é tentar aliciar, enganar as populações com reformas: toda a gente vira igual, dá-se mais direitos, mais educação, maior acesso à saúde, organizam-se peregrinações religiosas e muda-se de linguagem política: antes era uma linguagem colonial e, nessa altura, as relações interpessoais são "democratizadas", as pessoas são legalmente iguais. São esses os princípios gerais da guerra antissubversiva, produzidos pelos ingleses

23. O massacre de Mueda aconteceu em 16 de junho de 1960, na região de Mueda em Moçambique. Cerca de cinco mil pessoas caminharam em direção à sede da administração do governo português, com o objetivo de pleitear melhorias em suas vidas. O governo prendeu as lideranças do movimento diante da população ali presente, iniciando-se um confronto que deixou 600 mortos. Disponível em: <https://repositorio.ufmg.br/bitstream/1843/30020/1/DISSERTA%c3%87%c3%83O_CintiaMaryOliveiraVers%c3%a3oFinalCorrigida.pdf>. Acesso em: 30 abr. 2020.

e franceses, inspirados nas experiências dos franceses na Argélia e na Indochina, e dos ingleses no Quénia e na Malásia.

Para Amílcar Cabral, era fundamental evitar que se transformasse numa guerra de fronteiras, quer dizer, estar do outro lado da fronteira e fazer ataques armados a partir do exterior. E escolheu uma localidade no centro-sul da Guiné para começar a luta armada. Então, o início da luta armada ocorreu com o ataque ao quartel de Tite. Fez-se o ataque no interior ao invés de atacar na fronteira. Portanto, fez-se um movimento de dentro para fora e não de fora para dentro. Mas já tinha havido um trabalho prévio de mobilização dos camponeses, de mobilização dos guineenses, quer em Bissau, quer no interior do mundo rural.

O colonialismo é baseado no medo, na repressão. Como vencer o medo? Quando eles são poderosos ou parecem ser poderosos, é indispensável convencer as pessoas de que não são tão poderosos assim, e encontrar o argumento, o fator mobilizador que podia convencer as pessoas de que o engajamento com a nossa luta era compensador e valia a pena. Primeiro, fez-se a mobilização política, e só depois disso, e a partir da intensificação da repressão, é que optou-se pela ação armada. Antes havia pequenas sabotagens, o que se denominou na altura de "ação direta". Ação armada, verdadeira, só ocorreu em 23 de janeiro de 1963 com aquele ataque ao quartel de Tite. Nessa altura, encontrava-me em Dakar, empenhado na intensificação da mobilização política e no recrutamento de militantes e combatentes para a luta em Cabo Verde.

Em julho de 1963 ocorre uma reunião de quadros do PAIGC em Dakar. A luta armada teria começado uns seis meses antes. E a expectativa era que começasse também em Cabo Verde, já nessa altura?

Não, a coisa não era tão simples. Era muito mais complicado. A expectativa era levar as pessoas a aderirem à causa da libertação de Cabo Verde, fazer com que conseguíssemos reforçar a nossa presença em Dakar, no Senegal, e a partir daí influenciar o reforço da nossa presença em Cabo Verde, porque havia comunicação entre os dois países. E preparar a nossa organização na perspectiva da criação de condições de desencadeamento futuro da luta armada em Cabo Verde. Tudo isso se situava num plano preliminar da eventualidade da luta armada em Cabo Verde. Em Dakar, o que é que se fez? Tendo em vista a probabilidade da luta armada em Cabo Verde, ficou estabelecido que devíamos trabalhar para reunir as condições indispensáveis. Eu fiquei encarregado daquilo que se poderia chamar de mobilização de militantes, de pessoas, de combatentes. Depois daquela reunião, saí para a formação a que me referi e regressei a Conacri. Deduzo, agora, que no espírito do nosso líder, Amílcar Cabral, esteve sempre presente a ideia de que eu devia trabalhar prioritariamente no quadro do desenvolvimento da luta em Cabo Verde. Deu-me várias missões e tarefas orientadas nesse sentido. Logo, cabia-me preparar e empenhar-me para cumprir essa missão com sucesso.

E Amílcar Cabral estava convencido de que devia haver a união da luta de Guiné-Bissau e Cabo Verde, e não processos separados...

Estavam juntas, sim. Na nossa perspectiva, havia uma interdependência interativa entre as duas lutas, embora se devesse ter em conta as diferenças de condições entre as duas situações concretas. Representava uma aliança política forte para vencer o colonialismo nos dois países. Na Guiné, tinha-se atingido um estado mais avançado de luta armada, mas havia uma interligação dialética entre uma coisa e outra, sobretudo no lado político, porquanto os avanços da luta armada na Guiné tiveram efeitos políticos indutivos importantes em Cabo Verde e, igualmente, em Portugal, nas outras colónias portuguesas e nas diásporas cabo-verdianas. Para além disso, os avanços militares constituíam um fator de demonstração do poder e da capacidade operacional das forças armadas do PAIGC.

Qual foi a primeira vez que o senhor foi a Guiné-Bissau?

Foi em 1968. Após o regresso do grupo de combatentes preparados em Cuba, sob a minha liderança, e o adiamento do projeto de iniciação da luta armada em Cabo Verde, fui destacado para integrar a delegação do Birô (ou Bureau), Político do PAIGC, na Frente Leste, em substituição ao secretário-geral e na companhia do comandante Osvaldo Vieira. Fiquei instalado na nossa base de Kambéra, no setor de Madina do Boé. Durante a minha permanência naquela frente, fundei o Centro de Formação Política e Militar para o acolhimento e a preparação de novos recrutas e para o aperfeiçoamento de quadros e de combatentes. Conseguiram-se melhorias significativas das capacidades militares dos combatentes que o frequentaram. Foi nessa altura, em 1969, que os militares portugueses foram expulsos do aquartelamento fortificado de Madina do Boé. Naquela operação de evacuação, o Exército colonial teve cerca de 60 baixas no desastre que ocorreu na travessia do rio Corubal, na localidade de Chê-chê.

Em fevereiro de 1964 ocorre o congresso do partido em Cassacá.

Sim. Esse foi o I Congresso do PAIGC, em Cassacá, realizado no interior, no sul da Guiné. Já tínhamos falado da ideia do início da luta armada a partir do interior do país. Quais seriam as razões de fazer o I Congresso em Cassacá? Podia-se realizá-lo, com maior segurança até, em Conacri, no Senegal, ou em Boké, cidade que está a meio caminho entre Conacri e a fronteira sul de Guiné-Bissau. Podia-se fazê-lo em qualquer desses sítios. Mas por que ir correr esse risco? A filosofia política de Amílcar Cabral de internalização da luta libertadora e as suas opções políticas e pedagógicas de patentear que o acontecimento tinha sido no interior e não no estrangeiro estavam no cerne da escolha do local do acontecimento. Demonstrar que a luta decorria no interior do país. O primeiro ataque tinha sido bem no interior do país; o I Congresso, por sua vez, era realizado também no interior do país. Simbolizava o pensamento estratégico de Amílcar Cabral, que propunha que os factos mais importantes devessem acontecer no interior do país. Encerrava uma mensagem em duas direções: para dentro do partido e para os nossos aliados e a opinião pública africana e internacional.

As razões que aceleraram a realização daquele congresso foram uma série de erros e atropelos de princípios cometidos pelos responsáveis intermédios do PAIGC. Aqueles combatentes viram-se com o poder das armas e tinham cometido erros e também praticado arbitrariedades graves no seu relacionamento com as populações e, ainda, usado as crendices para reprimir supostos atos de feitiçaria. Havia esse contorno sociocultural que era também preciso compreender e vencer. Eram pessoas que se viram poderosas, armadas e, sobretudo, sem controlo maltratavam as populações. Então, foram censuradas e afastadas de cargos da direção e de comando. Vários dos responsáveis foram transferidos para outras regiões do país. Encontrei alguns na Frente Leste.

Esses erros derivados do mau uso do "poder das armas", da falta de formação, da influência nociva do ambiente sociocultural. Deviam ser combatidos, como foram, de forma firme, pedagógica e exemplar. A partir dessa altura, as pessoas entenderam que ninguém detinha o poder de fazer a justiça. Esse poder pertencia, chamemo-lo, à liderança nacional, ao PAIGC, e não a qualquer um dos seus combatentes. Depois disso, instaurou-se o Tribunal Militar e adotou-se o Código de Justiça Militar. Criou-se um novo ambiente de disciplina interna, de proteção dos direitos das populações e das pessoas, individualmente.

Uma visão errada dos valores da luta de libertação, a influência do meio sociocultural local, a influência da pertença étnica, a influência das religiões, a influência de superstições, todos esses fatores contribuíram para a prática irrefletida dos erros cometidos. O importante nessa matéria foi que houve a lucidez e a coragem necessárias da liderança para a tomada de medidas corretivas oportunas a fim de se reverter aquela situação. Entendo que o valor histórico e a oportunidade daquele I Congresso residem, sobretudo, na sua oportunidade e na correção atempada e decisiva de desvios graves que poderiam comprometer o futuro da luta e do PAIGC.

Nesse momento ocorreu também a reorganização, a centralização do comando da luta. O senhor acha que foi o momento certo para isso?

Certamente, aqueles erros e insuficiências identificados levaram a liderança superior do PAIGC à conclusão da necessidade da integração das pequenas "unidades guerrilheiras", mais ou menos autónomas, distribuídas pelo território nacional, numa estrutura regional única e sob um comando unificado. Com efeito, a luta armada tinha começado por pequenos grupos de guerrilheiros autónomos, ágeis e móveis, e com o seu crescimento impôs-se uma nova organização para as unidades guerrilheiras, enquanto uma mudança natural. Uma forma de combater a multiplicação de poderes e, logo, de erros, era reduzir precisamente o número de "titulares do poder". Só se podia conseguir isso através da criação de mecanismos colegiais de direção e de seguimento e fiscalização.

Na época, quão dramático foi esse momento? Luís Cabral tem um livro, Crônica da libertação, *em que fala de vários líderes executados porque não se submeteram ou se enquadraram.*

Eram pequenos "régulos" que se sentiam atribuídos de poderes que não detinham de facto, pois não estavam mandatados ao exercício desses poderes. Mas como a luta tinha começado por pequenos grupos guerrilheiros, era natural que surgissem pequenos "comandantes", num contexto geral de fraquezas políticas e funcionais. Não estou em condições de confirmar ou de infirmar aquelas citações de Luís Cabral, que me parecem sobreavaliadas.

Mas a decisão, a vontade de enfrentar o poder colonial tem um direcionamento político muito claro. Outra coisa é enfrentar, vamos dizer, uma questão interna, não? Uma justiça revolucionária, contra pessoas que teoricamente estão também ao lado na luta, mas que se desviaram. Enfim, é um tipo de decisão diferente, o senhor não acha? Não era mais difícil tomar essa decisão de julgar, executar…

É bem possível… Eu não tomei parte naquele congresso porquanto estava, naquela altura, numa formação em Moscovo. Como militante estava obrigado a acompanhar a evolução da luta, por isso estava informado sobre o congresso e as suas decisões. O julgamento e a condenação de um camarada de luta são sempre factos penosos e delicados. Porém a garantia das condições para o prosseguimento e o triunfo da luta forçava a corrigir os erros e a condenar os prevaricadores. Quanto à natureza das sanções, o que lhe posso assegurar é que a liderança do PAIGC e, particularmente, do seu secretário-geral, era muito lúcida, generosa e humanista. Não legitimaria qualquer ato repressivo desproporcional ao erro cometido e descontextualizado social e culturalmente do quadro da sua ocorrência. A necessidade de se ter que julgar e de condenar um companheiro de luta dá-nos a ideia da dimensão humana e da complexidade daquele processo emancipador. Para superar esse constrangimento, simultaneamente à fundação das Forças Armadas Revolucionárias do Povo (FARP), foi instituído o Tribunal Militar e aprovado o Código de Justiça Militar. Do ponto de vista da organização territorial, foram criadas as três frentes da luta armada, cujas unidades militares obedeciam às medidas de reestruturação aprovadas. O Exército colonial, por seu lado, via-se confrontado com os novos desafios colocados por uma maior eficácia das novas estruturas orgânicas e de comado das FARP.

E o senhor ficou responsável pela Frente Leste.

Inicialmente, não estive na Frente Leste, porquanto encontrava-me cumprindo outras funções ligadas à preparação da luta armada em Cabo Verde. Só a partir de 1968 é que passei a estar ligado organicamente à luta armada na Guiné-Bissau. Quando fui destacado para a Frente Leste, partilhava a liderança política e militar daquela frente com o comandante Osvaldo Vieira. Tínhamos funções políticas e militares.

E a escolha do nome, Forças Armadas Revolucionárias do Povo? Também havia uma ideia de "forças armadas", de reforçar a hierarquia e a disciplina dentro das tropas que se engajaram na luta anticolonial?

Com efeito, existiam umas Forças Armadas fundadas pelo PAIGC, como resultado do crescimento e expansão territorial da luta armada e do aperfeiçoamento das unidades guerrilheiras. Aquelas Forças Armadas representavam uma simbiose entre um "exército clássico" e um "exército guerrilheiro". O conceito de umas "Forças Armadas" transportava consigo também os conceitos de disciplina, de organização estruturada, de integração de comandos e do seu exercício, do respeito pelas hierarquias. Isso só era possível com uma estrutura orgânica sustentada nesses princípios organizativos e estruturantes.

E o senhor acompanha as notícias desse processo de centralização, em Moscou?

Em Moscovo não podia dispor de todos os dados sobre o congresso. Dispunha dos dados essenciais sobre aquele evento político muito relevante. Havia a circulação de informação escrita e através de reuniões convocadas para o efeito e em encontros individuais. De regresso a Conacri, pude tomar conhecimento, mais em pormenor, da forma como decorreu o I Congresso e das suas decisões mais importantes. Até porque tinha sido cooptado para membro do Comité Central. Note-se que havia uma circulação interna regular de informações referentes ao desenvolvimento e às perspectivas da luta e das decisões mais importantes tomadas pelo secretário-geral. Os meios de informação utilizados eram a Rádio Libertação, os boletins periódicos, os comunicados e as comunicações específicas do secretário-geral.

E a experiência em Cuba?

A delegação do PAIGC que foi à Conferência Tricontinental chegou a Havana no dia 30 de dezembro de 1965. Festejou a passagem do ano na praça da Revolução, em companhia de várias outras delegações e ao som do ritmo "moçambique" da orquestra de Pello el Afrokan. A delegação do PAIGC era liderada por Amílcar Cabral e constituída por Domingos Ramos, Vasco Cabral, Joaquim Pedro Silva e por mim. A conferência teve lugar no Hotel Habana Libre de 6 a 16 de janeiro de 1966. A Conferência Tricontinental ganhou uma dimensão política mundial porquanto congregou a "nata" dos revolucionários dos três continentes: África, Ásia e América Latina. Estiveram ainda presentes representantes de muitos partidos progressistas europeus.

Vamos enquadrar a minha presença em Cuba. Ela estava ligada à missão que cumpri, durante o ano de 1965 em França, de recrutamento e de mobilização de combatentes cabo-verdianos para a luta armada em Cabo Verde. Foi a formação dos combatentes cabo-verdianos recrutados em França mais outros procedentes do Senegal que constituíram os motivos principais da nossa presença em Cuba. Esse grupo de jovens devia receber preparação especial em guerra de guerrilha e desembarque em território insular, visto que a maioria já se encontrava em Cuba.

Como o senhor foi até Cuba?

O nosso itinerário foi Conacri-Argel-Budapeste-Moscovo, na primeira parte do percurso, e Moscovo-Murmansk-Havana. De Murmansk, quase no círculo polar ártico, a Havana, fizemos um voo de cerca de 14 horas.

Em avião soviético ou avião cubano?

Viajamos na companhia aérea Aeroflot. Cuba não fazia essa rota. Creio que a companhia cubana fazia um outro trajeto: Havana-Reiquejavique-Praga. Cheguei a fazer esse voo.

Qual é a lembrança que o senhor tem da Tricontinental? Ela reuniu centenas de pessoas da América Latina, Ásia e África que estavam engajadas em movimentos revolucionários de libertação nacional.

Mas quem fala da Tricontinental deve falar de um acontecimento invulgar que antecedeu a realização da Tricontinental. Um acontecimento trágico, que foi o rapto e o assassinato de Mehdi Ben Barka,[24] que

24. Mehdi Ben Barka (1920-1965?) foi um revolucionário marroquino. Em 1963, Marrocos entrou em guerra contra a Argélia. Mehdi Ben Barka foi acusado de traição contra o rei Hassan II do Marrocos e condenado à morte, mas conseguiu se exilar. Em outubro de 1965, foi sequestrado e desapareceu. Disponível em: <www.britannica.com/biography/Mehdi-Ben-Barka>. Acesso em: 16 dez. 2019.

era o encarregado da organização da Tricontinental. Aconteceu em Paris, a 25 de outubro de 1965. Significa que a conferência preocupava de tal forma certas forças políticas que levou a que o seu organizador fosse raptado e feito desaparecer. Foi um caso inédito. Ninguém sabe, até hoje, onde estão os restos mortais de Mehdi Ben Barka. Tinha sido um lutador comprometido contra o colonialismo francês em Marrocos e era um opositor conhecido à monarquia marroquina. Provocou-se inesperadamente o seu sumiço. Isso dá a ideia de que a realização da Tricontinental causava grandes preocupações em determinados meios políticos internacionais, que consideraram que com esse crime horroroso iam bloquear a sua realização.

Por ocasião daquele rapto e o do desaparecimento de Mehdi Ben Barka, encontrava-me em Paris e residia perto do local do crime. Ben Barka tinha caído numa cilada montada pelos serviços secretos marroquinos com a conivência ou a complacência dos serviços secretos franceses. Como interpretar a ousadia de realizar o rapto de uma importante personalidade, internacionalmente conhecida? Por outro lado, aquele ato audaz e criminoso demonstra os perigos que ameaçavam as vidas dos combatentes da liberdade africanos.

Pessoalmente, tinha terminado a missão de transferência para a Argélia dos cabo-verdianos que tinham aderido ao nosso projeto político. Regressei logo a seguir a Conacri e fui integrado à delegação que devia participar na Tricontinental.

Suscito essa questão do rapto político para se poder entender que, para cometer um crime desses, pelo seu impacto midiático, os seus autores e inspiradores teriam que estar muito preocupados com o que se ia passar em Cuba. Com efeito, foi uma importante assembleia internacional que congregou, utilizando uma imagem simbólica, a "fina-flor" dos revolucionários mundiais. Estiveram presentes os vietnamitas; estávamos nós do PAIGC e os movimentos de libertação das colónias portuguesas em África; estavam ainda outros movimentos africanos de libertação, uns no poder e outros fora do poder, e havia muitas delegações da América Central e do Sul. Quem participou na Tricontinental foi o senador chileno Salvador Allende, cuja presença foi muito notada. Do Brasil, não sei quem estava, devia ser gente ligada ao Partido Comunista, ligada ao movimento guerrilheiro, talvez. Mas uma coisa é certa: Carlos Marighella não estava. Havia muita gente da Venezuela. Lembro-me de um líder guerrilheiro guatemalteco muito jovem, o Turcius Lima. Estiveram representantes da frente Farabundo Martí. Muita gente, uns mais à esquerda, outros menos à esquerda. A ausência de Ernesto Che Guevara foi muito notada e comentada; foi lida a carta que tinha dirigido a Fidel Castro, em que vaticinava o surgimento de mais "dois ou três Vietnãs". Devo destacar as repercussões elogiosas da participação do PAIGC e do seu Líder Amílcar Cabral, cuja comunicação, conhecida por "A arma da teoria", despertou interesse e admiração e recebeu fortes elogios da imprensa internacional presente.

E o clima entre os participantes, em relação às lutas: era de confiança, de otimismo, de medo, de preocupação?

Primeiro, a outra face da moeda: deve-se perguntar como os americanos e os outros poderes imperiais viam aquela concentração de combatentes da liberdade; deviam estar mais ansiosos e preocupados e a pensar nas respostas que iam dar àquele desafio inadmissível. Do lado dos participantes, considero que, talvez, houvesse excesso de confiança e de otimismo. Pensava-se que as coisas eram mais simples, não eram tão complicadas como se revelaram depois. Deste modo, havia otimismo, havia confiança e havia qualquer coisa a que designaria, agora, de "ingenuidade revolucionária". Considero que havia uma subavaliação das capacidades dos poderes instituídos e do próprio poderio americano. Enquanto resultado político da Tricontinental, foi fundada a Organização de Solidariedade dos Povos de África, Ásia e América Latina (OSPAAAL), cuja escolha do primeiro secretário-executivo recaiu na pessoa de Abílio Duarte, dirigente do PAIGC.

Depois de ter participado na Conferência Tricontinental, regressei a Guiné na companhia de Amílcar Cabral e da nossa delegação. Um dos membros da nossa delegação, Joaquim Pedro Silva, continuou em

Cuba, onde já se encontrava, para prosseguir a preparação. Regressei a seguir a Cuba para liderar um grupo de 30 cabo-verdianos que deviam receber formação militar.

E esse grupo que o senhor integra para fazer a formação militar, em Cuba, quanto tempo lá ficou?

Estivemos entre 18 e 20 meses em Cuba. Fizemos toda a preparação necessária, melhoramos bastante a nossa capacidade do ponto de vista militar, enriquecemos os nossos conhecimentos teóricos sobre a guerra subversiva, a guerra de guerrilha, enfim, fizemos uma formação bastante abrangente. Na impossibilidade de levar a cabo o projeto inicial de desembarque do grupo em Cabo Verde, e após a tomada da decisão da suspensão daquela operação, fomos obrigados a mudar de perspectiva quanto ao futuro da nossa participação na luta armada conduzida pelo PAIGC. Fomos completar a nossa formação militar na União Soviética, em Moscovo. Foi a partir daí que o grupo foi encaminhado para Guiné-Bissau, passando por Conacri, onde se encontrava sediado o Secretariado-Geral do PAIGC.

Nesse período em que o senhor fez a formação militar em Cuba, no que consistia a formação propriamente dita?

Recebemos uma formação diversificada e abrangente em matéria de organização da guerra de guerrilha; do lado prático realizamos vários exercícios de simulação, treinamos muito bem o uso das armas de fogo ligeiras. Estudamos as várias experiências guerrilheiras, desde a experiência cubana, passando pela espanhola, russa (durante a II Guerra Mundial), vietnamita e chinesa. Trabalhamos ainda a guerrilha urbana. Um dos livros que utilizamos foi a obra do general espanhol Alberto Bayo,[25] que tinha sido instrutor de Fidel Castro e do grupo

25. Alberto Bayo y Giroud (1892-1967), militar cubano que lutou na Guerra Civil espanhola, indo em seguida para o México. Escreveu vários livros, entre eles *La guerra será de los guerrilleros* (1937), *Mi desembarco en Mallorca* (1944) e *150 preguntas a un guerrillero* (1955).

cubano do Granma, no México. Trabalhamos bastante o lado da informação e contrainformação, da preparação física e da prática do tiro individual. Também realizamos a preparação de atuação no mar, aprendemos e aperfeiçoamos a técnica de natação, treinamos a prática de desembarque em territórios insulares, incluindo os exercícios de penetração pós-desembarque num território montanhoso. Foi uma preparação intensa, vasta e polifacetada.

Era uma rotina intensa?

Bastante. Operávamos como um grupo autónomo. A gestão política e o comando daquele grupo era da nossa inteira responsabilidade e eu era o seu líder. A responsabilidade pela formação militar cabia aos instrutores e aos serviços especializados cubanos.

Nessa preparação militar havia mulheres também?

Havia uma mulher, só. Era a companheira de um dos membros do grupo.

E na formação, no treinamento com os cubanos, o senhor aprendeu espanhol?

Aprendemos o espanhol praticando, porque quem fala o português não tem muitas dificuldades em compreender o espanhol. O espanhol é que teria dificuldades em compreender o português. Fomos aprendendo e passamos a falar o espanhol com os interlocutores cubanos. Fazíamo-nos entender razoavelmente.

O senhor mencionou há pouco que achava um erro a perspectiva de um desembarque em Cabo Verde. Naquela época o senhor já achava isso ou veio a achar posteriormente?

Fomos constituídos e formados com o objetivo de realização daquele desembarque. Mas, analisadas as circunstâncias, as condições materiais e condições sociais muito precárias em Cabo Verde, examinando ainda os elevados riscos daquela operação, decidiu-se pelo seu adiamento. Também fomos aconselhados pelos cubanos e por outros amigos a não prosseguir a operação naquelas circunstâncias desfavoráveis. Faltava-nos ainda o meio de transporte rápido adequado para a realização da operação. Também fomos informados de que autoridades coloniais tiveram informações do nosso plano. Seria uma operação de elevados riscos e podia resultar num desastre político e militar. Além disso, vivia-se na altura a tragédia e a imensa comoção da captura e do assassinato do comandante Che Guevara na Bolívia.

Qual foi a repercussão da morte do Che? Para o senhor, não era o fracasso de um determinado tipo de iniciativa guerrilheira, de um foco guerrilheiro?

Che Guevara era um mito e continua a ser um mito, até hoje. Na Bolívia, fazem romaria ao sítio onde morreu. Che continua um mito inspirador para muita gente na América do Sul. O seu fracasso teria sido traumático para os dirigentes cubanos e para a sua população. Absorvemos parte daquela comoção que a sua morte despertou mundialmente. A esse propósito, como me referi anteriormente, teria havido uma subestimação do poderio dos outros. O erro estaria em acreditar na ideia, simplista e idealista, de que se podia repetir o que tinha sido conseguido em Cuba em outras paragens do continente americano. Foi um erro de análise grave. Para além disso, devia-se ter em conta que o inimigo aprende também com os seus erros.

Amílcar Cabral não perfilhava a ideia do "foquismo" teorizado por Che Guevara e publicitado pelo francês Regis Débray.[26] Achava que para lançar qualquer movimento de libertação nacional, ou de libertação social, como se quiser, era preciso preparar o seu suporte humano; era preciso trabalhar e mobilizar as populações, e as "coisas" não seriam nunca de geração espontânea. A pobreza, só por si, não gera líderes revolucionários. A pobreza gera revoltas, mas não gera a revolução. Se você analisar, os líderes têm despontado sempre de elites. Feliz ou infelizmente, considero que é assim. E pensar que

26. DEBRAY, Régis. *Révolution dans la révolution?* Lutte armée et lutte politique en Amérique latine. Paris: Maspero, 1967.

tudo isso seja de geração espontânea, que é a pobreza que gera isso, porém, ficaria a faltar o aspecto sociocultural, o aspecto da consciência social. Creio que por falta desses fatores subjetivos essenciais, Amílcar Cabral não era favorável ao que se chamou na altura de "foquismo". Consistiria na gestação de um grande movimento guerrilheiro a partir de um foco inicial, de um pequeno grupo armado que serviria de seu detonador social.

O senhor chegou a conhecer brasileiros em Cuba durante o treinamento militar?

Não. Não se podia, pelo seguinte: vivíamos mais ou menos isolados. Assim como os outros, caso houvesse, estariam separados do resto. É uma regra elementar de compartimentação por razões de segurança. Agíamos de forma compartimentada, o que impedia contatos com terceiros.

O senhor morou onde, em Cuba?

Estivemos em Havana ou sempre perto de Havana. Os nossos centros de preparação eram na província de Pinar del Río. Não muito longe de Havana. Não consigo identificar as localidades e as residências onde estivemos aquartelados.

E qual a sua lembrança, a sua impressão da vida em Cuba na época?

Da vida em Cuba naquela altura, como pode imaginar, não estávamos integrados naquela sociedade. Fazíamos uma vida à parte. Os nossos contatos com a sociedade cubana, fora das relações que mantínhamos com os nossos instrutores e com o pessoal que fazia a ligação com a direção do país, eram raros e circunscreviam-se a atos de comemoração da Revolução e a alguma atividade cultural. Estivemos uma ou duas vezes em outros atos públicos sociais ou comemorativos. Para ser verdadeiro, sobre esse aspecto pouco tenho a dizer.

Assistiam aos comícios do Fidel?

Às vezes, eram longos! Fidel Castro era um excelente tribuno, um bom comunicador e tinha uma boa memória. Considero que preparava-se bem para as suas intervenções públicas; eram improvisos bem trabalhados. Encontrei-o pela primeira vez na Tricontinental. Visitou-nos na unidade onde fazíamos a preparação. Daquela vez, tinha havido um ciclone e surgiu sem avisar para ver se estávamos bem. Ter-nos-ia feito uma segunda visita. Posteriormente, encontramo-nos mais vezes, quer em visitas oficiais a Cuba, quer em conferências internacionais realizadas em Havana. Como primeiro-ministro, visitei Cuba e fui recebido com muita simpatia e ele ofereceu-me uma recepção oficial. Como presidente da República, também visitei Cuba e estive com ele. Dessa vez, agraciou-me com a Ordem de José Martí, a distinção mais elevada do país.

Por ocasião da minha primeira visita oficial, era então primeiro--ministro, o nosso encontro foi fecundo e interessante. Falou da experiência cubana e pediu-me que lhe falasse da experiência cabo-verdiana. Expliquei-lhe as nossas limitações materiais e o enorme esforço que fazíamos para viabilizar o nosso país, em que teríamos que ser muito pragmáticos. Debatemos ainda a situação angolana na altura, expus-lhe a minha visão quanto às mudanças políticas africanas e às chamadas "revoluções africanas". Expus-lhe que considerava que a África e os países africanos não reuniam as condições económicas e socioculturais para se pensar em realizar uma revolução socialista do estilo cubano. Eram realidades totalmente diferentes e não era possível transferir a realidade cubana para os países africanos. Foi uma ousadia minha contestar Fidel Castro, mas estava convencido de que devesse ser assim e, por uma questão de honestidade e de lealdade política, não queria que ele incorresse nesse erro de análise, por conselhos errados, esperando que os africanos estivessem em condições de realizar uma "revolução socialista à cubana". Falamos na altura sobre a situação política e militar em Angola e expus-lhe a minha opinião sincera sobre as limitações, as fragilidades e dificuldades que enfrentavam os nossos camaradas angolanos. Deixou-me a impressão de que tinha apreciado a minha sinceridade e dado importância à minha exposição e aos meus argumentos e esclarecimentos, pois, como um político perspicaz e portador de uma imensa visão mundial que era, e pela grande capacidade intelectual tinha, certamente, tirado ilações da experiência falhada de Che Guevara no Congo (Zaire).

A nossa conversa foi interessante e fecunda; houve bastante empatia entre nós e uma troca intensa de ideias e de análises sobre a África e as mudanças políticas ocorridas no continente. No fim, propôs-me um encontro de trabalho com Carlos Rafael Rodriguez, alto dirigente do Partido Comunista. Tive o encontro previsto com Carlos Rafael Rodriguez, mas o nosso diálogo foi, do meu ponto de vista, menos interessante. Fidel era mais aberto, mais livre, mais espontâneo, já Carlos Rafael era mais contido, porventura "conservador", e tinha uma abordagem e um estilo diferentes de Fidel Castro, que era mais espontâneo, criativo e atraente.

Voltei a Cuba várias vezes, em visita privada e sobretudo para o controle da saúde. Por uma questão ética e de sinceridade, gostaria de deixar claro os meus sentimentos de simpatia e gratidão para com o país e para o comandante Fidel Castro. Considero que nós, os combatentes da liberdade africanos, temos uma dívida de reconhecimento e gratidão para com eles, pelo apoio e pela solidariedade generosa com que nos brindaram durante as nossas lutas de libertação e pela ajuda que nos proporcionaram, no período pós-independência, em assistência técnica e sobretudo na formação de quadros.

Já lhe perguntamos sobre a experiência de viver na União Soviética e depois em Cuba. O senhor deu duas respostas parecidas: que viveu muito isolado, que não participava da vida cotidiana nesses países. Como eram as experiências do "socialismo real", como se diz? Como o senhor via esse modo de vida socialista?

Não posso emitir uma opinião fundamentada, mas em Cuba fiquei com a impressão de que o sistema estava a funcionar. Por quê? Porque havia muita participação popular e transmitia-se essa percepção. As pessoas eram convocadas para participar, havia um forte movimento participativo. Funcionava como uma espécie de democracia direta. Parecia que funcionava e podia prosseguir.

Houve um dado momento em que se queria eliminar a moeda. Não sei se é possível eliminar a moeda, também os meus conhecimentos não são muito sólidos na matéria, por isso devo ser prudente. Considero que a moeda teria sido a maior criação da humanidade. Regula a nossa vida pessoal, as atividades e os comportamentos de todos. Ainda não se conseguiu explicar bem o que é isso da moeda. É um símbolo e uma abstração que regula tudo. Considero que a humanidade já fez muitas descobertas e inovações, mas penso que a maior delas seria a instituição da moeda, o símbolo moeda, um regulador social universal poderoso. A seguir são as descobertas científicas, as inovações científicas, tecnológicas, a astrofísica e o estudo do universo etc. No fundo, para levar avante tudo estamos dependentes de símbolos. Então, creio que eliminar a moeda pode ser uma boa ideia no sentido teórico e ético, mas de difícil concretização. Representaria um avanço ou um retrocesso nas relações humanas?

Num outro momento quis-se liberalizar a economia. Mas, ao insistir-se demasiado no igualitarismo geraram-se outros fatores de estrangulamentos. Ao combater as diferenças a todo custo, voltou-se a um modelo com dificuldades de funcionamento. Talvez daqui a um século tenhamos um modelo socioeconómico mais justo e equitativo liberto das dependências atuais. Querer à viva força combater as desigualdades e instituir a igualdade plena conduziu a um impasse, sobretudo do ponto de vista da produção. Essa é uma opinião, uma percepção sem pretensões de representar a verdade. Em Cuba, sobretudo, a educação, a saúde, a proteção social, a investigação e o desenvolvimento científico têm realizações extraordinárias. Mas o bem-estar não se resume a isso. Falta completar com o resto. Não quero ir para além disso. O tempo tem provado que o regime cubano tem uma enorme e admirável resiliência.

Em relação à União Soviética, o sistema talvez fosse muito fechado. Quiseram fazer uma reforma que na minha modesta opinião não teria sido bem conduzida. Cabe a eles tirar as conclusões, não a mim.

Voltando aos anos 1960, quando o senhor faz o treinamento liderando esse grupo de cabo-verdianos, visando a um desembarque em Cabo Verde, e depois o senhor abandona a ideia e acha que era uma operação suicida. Em que momento se desiste da ideia de um desembarque em Cabo Verde?

Eu estive na preparação e no impulso da libertação de Cabo Verde desde o início. Fiz o trabalho de que fui incumbido enquanto membro do PAIGC. No debate que fizemos em 1963, previa-se mais ou menos isso. O que devíamos realizar era criar as condições para que a libertação tivesse lugar. Não fui eu a desistir da ideia do desembarque em Cabo Verde. As decisões couberam às lideranças. Tínhamos um líder, era Amílcar Cabral, e a liderança colegial do PAIGC, que na altura decidiu que devíamos pensar numa outra alternativa, que não devíamos levar avante aquela primeira opção excessivamente audaciosa e voluntarista. Em consequência da alteração verificada, impunha-se decidir sobre o destino a dar àquele pessoal preparado. Discutimos com eles e decidimos ir para a Guiné-Bissau a fim de participar na luta armada de libertação lá, cada um segundo suas capacidades.

Estivemos então na União Soviética, a fazer uma preparação complementar que nos permitiu melhorar bastante. A nossa preparação foi mais na artilharia, não a artilharia pesada, mas a artilharia ligeira. Melhoramos a nossa preparação nessa área, mas também consistia num tempo para preparar os nossos companheiros a aceitar naturalmente o adiamento do propósito de vir a Cabo Verde. Teria sido uma espécie de acomodação ao novo contexto e um interregno de espera da nova oportunidade, mais conveniente.

Quanto tempo durou essa segunda fase de treinamento?

Quatro ou cinco meses, não mais do que isso. Depois, viajamos para a Guiné. Eu, durante todo aquele tempo, fiz algumas missões ao exterior e a Guiné para contacto e consulta com a direção do PAIGC.

E quando termina a sua estada, da União Soviética o senhor vai para Guiné?

Parti à frente a fim de preparar o acolhimento do grupo em Conacri e, a seguir, a sua instalação transitória na base Kambéra, Madina do Boé, na Frente Leste. Não lhe posso dizer a data exata, porque não tínhamos o hábito de tomar nota dos acontecimentos. Desloquei-me a Kambéra para cumprir a missão. Identificou-se o local apropriado e organizou-se o acolhimento e a instalação para os recém-chegados consoante às condições precárias da vida guerrilheira, numa pequena floresta, ao lado de um rio, com acesso fácil à água. Fez-se a preparação do espaço de movimentação e a construção das barracas, das latrinas e dos abrigos de defesa. Foi assim a "iniciação" daquele grupo de cabo-verdianos às condições da vida de guerrilha e da luta armada na Guiné. Ingressaram num outro mundo, completamente diferente do seu país de origem. Qual teria sido o impacto? Só eles poderiam responder à pergunta, e muitos já faleceram. Penso que estavam ou estávamos psicologicamente preparados para aquela mudança radical de vida e de ambiência. A preparação e a nossa convivência longa em Cuba ajudaram nisso, pois tinha-se criado no seio do grupo um forte sentimento de confiança recíproca e de destino compartilhado.

5

A luta na Guiné-Bissau e o assassinato de Amílcar Cabral

"Tínhamos um compromisso de libertação do nosso país, a única saída era continuar"

Como o senhor encontra a situação em Guiné-Bissau, nessa época da luta pela independência?

Era luta, não é? Na minha perspectiva, a minha integração na frente militar deu-se quando a luta armada tinha ultrapassado a fase inicial de implantação e crescimentos e encontrava-se bem enraizada. Antes tinha havido a tentativa dos portugueses de isolar a guerrilha no sul da Guiné, que era o território onde ela se encontrava mais fortemente implantada. Fizeram de tudo para fechar as fronteiras a fim de isolar as unidades e sufocá-las a seguir, o que não conseguiram. Perderam a guerra das fronteiras, pois não atingiram seus objetivos fixados. Na minha perspectiva, tínhamos atingido uma situação de equilíbrio instável e, para ganhar aquela guerra, era preciso rompê-lo.

Na nossa base de retaguarda do Boé, estávamos preparando o regresso e o acolhimento dos camaradas que estiveram em Cuba e depois na União Soviética. A minha incumbência era criar as condições de acolhimento. A seguir, continuar a discussão e a distribuição dos recém-chegados pelas três frentes. Estabelecemos a base onde ficariam provisoriamente e depois fez-se a afetação dos quadros de acordo as capacidades, buscando sobretudo tirar benefício dos mais bem qualificados, e que entrariam especialmente no corpo de artilharia das

FARP, com o objetivo de melhorar a eficácia da nossa artilharia. O que se conseguiu grandemente, e viria constituir o pilar principal da derrota do Exército colonial.

Por sua vez, o general António Spínola,[27] quando chega a Guiné, procura reverter a situação, utilizando aquilo que seria natural nessas situações: aplicando a teoria da guerra antissubversiva. Criam, ou já tinham criado, as unidades especiais, a fim de incutir maior agressividade e eficácia às forças coloniais e fazer o enquadramento das populações: os comandos, os fuzileiros, as "milícias tribais" — preferimos utilizar "etnia" em vez de "tribo". Criando as "milícias tribais", introduzindo as forças aerotransportadas e recorrendo ao uso intensivo de helicópteros e dos bombardeamentos aéreos, pensavam derrotar as forças de libertação. Com a introdução das forças especiais, dos comandos, dos fuzileiros, intensificou-se o processo de "africanização da guerra", que significa passar para os africanos o peso da guerra, o custo humano da guerra. Criaram-se as unidades de infantaria, de caçadores, só de africanos, com um ou outro comandante português. Outro elemento de mudança foi a introdução dos helicópteros e a intensificação do emprego de unidades aerotransportadas, que imprimiriam maior mobilidade e maior eficácia às unidades militares.

Por fim, viriam as manobras reformistas de natureza sociocultural a que apelidaram de "Guiné Melhor", que significava, por exemplo, oferecer mais bolsas a estudantes nativos, antes desprezados e discriminados; oferecer facilidades aos muçulmanos, antes hostilizados, para peregrinações a Meca. Em síntese, o recurso despudorado à manipulação e corrupção das populações. Ofereciam-se aguardente e bagatelas do género. Era uma estratégia racista de desprezar, de manipular os outros. Para além da utilização ativa dos serviços de informação

27. António de Spínola (1910-1996) foi um militar e político português. Em 1961 voluntaria-se para a guerra em Angola. Foi governador militar da Guiné-Bissau entre maio de 1968 e agosto de 1973. Após o 25 de Abril, torna-se presidente de Portugal em 15 de maio de 1974, mas renuncia a 30 de setembro. No ano seguinte, após uma fracassada tentativa de golpe de Estado, fugiu para a Espanha e, em seguida, para o exílio no Brasil.

militar e da polícia política, PIDE/DGS, as autoridades coloniais desenvolveram um programa de rádio específico de "mentalização das populações". O objetivo final da tal "mentalização" era persuadir as populações de que não valia a pena continuar a lutar. Tentar convencê-las de que a guerra de libertação teria fracassado.

Um outro aspecto, não menos importante da guerra antissubversiva, é a guerra psicológica. Os serviços de espionagem e de subversão portugueses escolheram como prioridade da guerra psicológica a provocação da divisão no seio do PAIGC, fomentando a divisão entre os dirigentes e a base do partido, recorrendo à mentira, a falsidades e à difamação. Por exemplo: "Enquanto os vossos chefes estão em Conacri em gabinetes com ar-condicionado, vocês estão no mato a passar fome e a se sacrificarem por eles, que levam numa vida de luxo." Um outro elemento dessa guerra psicológica era dirigido contra os quadros cabo-verdianos. O propósito final era a implosão do PAIGC opondo os guineenses aos cabo-verdianos. Até hoje mentem, com o propósito desavergonhado de branqueamento dos seus crimes de guerra e da procura de desresponsabilização do terrorismo de Estado sórdido que foi o assassinato do secretário-geral do PAIGC, Amílcar Cabral. Outro alvo privilegiado das manobras de diversão e de mentiras dos serviços secretos portugueses consistia no ataque cerrado aos cabo-verdianos que foram erigidos em responsáveis pelos erros e crimes coloniais, numa tentativa extravagante de querer negar a existência do próprio colonialismo português na Guiné. E, inclusive, o governador colonial foi ao ponto de instigar o anticabo-verdianismo e incentivar a realização de campanhas e manifestações contra os cabo-verdianos na Guiné e de interditar a música cabo-verdiana na emissora oficial. Os cabo-verdianos passaram muito mal. Outros, que eram funcionários, foram transferidos para Angola e Moçambique. Assim, um dos alvos privilegiados da "Guiné Melhor" e da campanha de guerra psicológica do Exército colonial, da PIDE/DGS e dos serviços de informação militar e da política colonial, no geral, era atingir e desqualificar os cabo-verdianos e, particularmente, os cabo-verdianos que eram militantes e dirigentes do PAIGC. A sanha anticabo-verdiana foi tanta que, ainda hoje, restaram resquícios dessa campanha cínica e perversa contra os cabo-verdianos.

O senhor acha que não havia uma tensão entre os dirigentes cabo-verdianos e os guineenses? Isso foi uma criação colonial?

Suponho que talvez pudesse existir alguma coisa, provavelmente inveja, preconceito retrógrado, mas não dava para se afirmar que houvesse tensão. Tensão pressupõe que houvesse conflito, quando, ao contrário, uniam-nos os sacrifícios da "vida do mato" e a fraternidade diante do risco. Mas, na base onde estava destacado, éramos quantos cabo-verdianos? Era eu! E havia os meus companheiros que eram da artilharia. O comandante da artilharia da Frente Sul era o Júlio de Carvalho, cabo-verdiano, estavam lá outros artilheiros cabo-verdianos, o Eduardo Santos, o João Pereira Silva, o João José Lopes da Silva (J. J.), e conviviam normalmente com os artilheiros guineenses e nunca foram molestados. Veja-se que três deles eram ex-estudantes universitários que tinham abandonado os estudos para combater ao lado dos guineenses. Os militares cabo-verdianos eram uma minoria. Não tenho conhecimento de que houvesse um conflito expresso com os cabo-verdianos, apesar da campanha sistemática dos órgãos de comunicação do poder colonial nesse sentido. O certo era que a presença cabo-verdiana nas FARP perturbava as autoridades coloniais e militares porque sabiam que constituíam uma mais-valia importante do ponto de vista militar e ameaçavam a sua segurança. A fobia aos cabo-verdianos, no geral, era tanta que o governador da colónia, general Spínola, chegou ao ponto de proibir um programa de rádio que transmitia principalmente música cabo-verdiana. Apreciava aquele programa musical porque punha-me, de certa forma, em contacto com Cabo Verde e dava-me um certo conforto. O general Spínola e o seu *staff*, num golpe de magia, esperavam tirar proveito político e psicológico da colocação dos cabo-verdianos no âmago daquele conflito colonial, numa intenção ardilosa de desfocalização da sua natureza e dos seus protagonistas: o colonialismo e o movimento de libertação nacional. Era um estratagema infundado e freudiano.

Nessa situação difícil, o senhor acha que ele recuperou algum terreno? O senhor está descrevendo o uso de tropas de elite, de poder aéreo, uma campanha psicológica melhor, estimular a divisão entre cabo-verdianos e guineenses... O senhor acha que ele foi bem-sucedido, desse ponto de vista?

Disse que na minha análise, em 1968 a guerra encontrava-se numa fase de equilíbrio entre as forças opositoras. Quer dizer que o movimento de libertação não estava em condições de expulsar os ocupantes colonialistas e estes não estavam em condições derrotar a força militar de libertação. Do nosso lado, não tínhamos conseguido ainda romper aquela situação de equilíbrio de forças a nosso favor, nem tínhamos em vista consegui-lo em curto prazo. Do lado das Forças Armadas coloniais, não estavam em condições de vencer as forças patrióticas de libertação. Essa era uma situação complicada de gerir. Empregou-se um enorme esforço para recuperar as nossas zonas libertadas. E não conseguiram qualquer resultado significativo. Utilizaram-se os desertores para desestabilizar as populações. Não conseguiram. Lembro-me de um desses grupos de salteadores que semeava confusão no sul da Guiné, na zona de Quinara, Gampará, e que tinha sido neutralizado. Utilizou-se tudo o que se podia utilizar para criar dificuldades às estruturas civis do PAIGC. Está claro que se utilizavam também de pequenos grupos de salteadores armados para fazer assaltos. Contudo, já nessa altura, tinha havido declarações abertas ou subentendidas de representantes do poder colonial de que não era possível uma solução militar para aquele conflito armado de mais de uma década.

Em 1970 houve uma tentativa na Guiné, a Operação Mar Verde, como chamaram, que era também o assassinato...

Isso também faz parte da estratégia de guerra antissubversiva. Consiste em atacar e desorganizar a "retaguarda estratégica" do movimento de libertação na intenção de o isolar e de desarticular a sua rede de comunicação e de abastecimento, recorrendo à agressão a países vizinhos. Sobre essa agressão a Guiné-Conacri, o comando militar em Bissau e o governo português mentiram descaradamente. O assalto militar à capital guineense foi um fracasso militar e político. Os objetivos planeados não foram realizados, salvo a recuperação dos prisioneiros de guerra na posse do PAIGC. Do ponto de vista político-diplomático foi outro grande desastre, pois o governo tinha ficado mais isolado e desacreditado internacionalmente.

Os estrategos portugueses que tinham preparado aquela operação estavam convencidos de que iam derrubar o presidente Sékou Touré e mudar o regime instalado naquele país e, assim, eliminar o principal aliado do PAIGC. Não conseguiram obter o resultado previsto. Foi a primeira grande derrota daquela aventura

Para a neutralização daquela aventura política e militar deu uma contribuição importante um destacamento da "Marinha do PAIGC", que estava atracada no porto de Conacri. Um outro aspecto a não se ignorar foi a fraca capacidade e a pouca representatividade política dos traidores guineenses, que se aliaram às Forças Armadas portuguesas naquela agressão militar, em cuja preparação e execução também estiveram envolvidos os serviços secretos franceses e alemães. Com efeito, a operação "Mar Verde" foi um sinal inequívoco do desespero e do impasse em que se encontrava o poder colonial na Guiné. Contavam destruir as instalações do PAIGC e assassinar os dirigentes residentes na imediação das instalações do Secretariado-Geral. A residência do secretário-geral, contígua, foi atravessada por um "*rocket*" de bazuca que não explodiu, o que seria uma desgraça, pois encontravam-se lá dentro a esposa e a filha de meses, e as paredes eram de madeira.

Essa operação foi, no meu entender, mal preparada. Os organizadores contavam, pelas informações não confirmadas de que dispunham, que podiam ganhar porque teriam assegurado a cumplicidade de altos oficiais do Estado-Maior das Forças Armadas. As informações de que dispunham revelaram-se falsas. Desconheciam a topografia de Conacri e do território circundante. Não conseguiram chegar à residência oficial do presidente Sékou Touré; não conseguiram ocupar a Rádio Nacional, como previsto, onde foram destroçados por um pequeno destacamento do PAIGC, comandado por Mateus Correia; não conseguiram ocupar nenhum quartel militar. Um outro objetivo estratégico fracassado foi o ataque previsto ao aeroporto Internacional de Gbessia. O pelotão de Comandos Africanos, dirigido pelo tenente Januário Lopes, que devia efetuar o ataque, perdeu-se durante a noite e rendeu-se no dia seguinte ao Exército guineense. Por isso, considero que a operação foi muito mal concebida e pior executada: não cabia na cabeça de ninguém ir da cidade de Conacri ao aeroporto de Gbessia a pé. Teria que ser por estrada ou pelo litoral, num terreno pantanoso e de mangais. Como deslocar-se, à noite, no meio daquele mangal cerrado? O pelotão português perdeu-se nitidamente.

Esses dados demonstram que a operação foi mal preparada, pois desconheciam-se as características físicas e humanas do território em que devia decorrer. Como é que se vai preparar uma operação militar de agressão sem se dispor do máximo de informações que permitissem ao menos chegar aos objetivos? O objetivo seria o aeroporto de Gbessia, onde tencionavam destruir os caças MIG. O fracasso da operação comprovou que, primeiro, não eram brilhantes estrategos como se diziam; segundo, só o desespero pode justificar tantos erros e desacertos ou, também, a desvalorização preconceituosa das capacidades dos militares africanos. Note-se que tinham tentado uma operação semelhante, também fracassada, na fronteira com o Senegal.

O equilíbrio, que o senhor mencionou, devia ter um efeito preocupante, negativo, na luta de libertação. Quando se chegou a esse momento de equilíbrio, aumentaram, por exemplo, as deserções? Houve um certo medo de que a luta pudesse refluir, de alguma forma?

As deserções são sempre normais em qualquer guerra, sobretudo se são de longa duração. Trata-se de fenómeno a se ter sempre em conta. Tínhamos aquilo que chamávamos "tabanqueiros", aqueles que regressavam à tabanca. Havia duas coisas diferentes: uma era a deserção e juntar-se ao inimigo, outra coisa, que não era bem uma deserção, era ir passar uns tempos de descanso na sua tabanca. Não tenho ideia de que tivesse havido um número significativo de deserções.

Qual era a situação na Frente Leste, onde o senhor era um dos chefes militares?

Reportando ao meu percurso individual, encontrava-me destacado na Frente Leste em fevereiro de 1969, quando os militares portugueses se viram forçados a abandonar furtivamente o quartel entrincheirado de Madina do Boé. Naquela fuga desordenada, sofreram dezenas de baixas ocorridas durante a travessia do rio Corubal, pela jangada de Ché-Ché. Morreram por afogamento cerca de 60 soldados. A partir daquela altura, o vasto território da Madina do Boé e do Béli tinha ficado livre da presença portuguesa. Em apoio a uma parte da população que se tinha refugiado, junto à fronteira com a Guiné-Conacri foram abertos um posto sanitário, uma escola e uma loja dos Armazéns do Povo. Quando da minha permanência na Frente Leste, tinha sido criado, integrado na base de Kambéra, o Centro de Formação Político-Militar, destinado à preparação para guerrilheiros, ao acolhimento e iniciação dos jovens recrutas de passagem para a formação no exterior. Entretanto, fui transferido para a Frente Sul, onde passei a trabalhar e a coadjuvar o comandante da frente, Nino Vieira (João Bernardo Vieira), que veio a ser presidente de Guiné-Bissau. Éramos os dois principais responsáveis militares por aquela frente.

Como reação à política da Guiné Melhor, a direção do PAIGC (e Amílcar Cabral, em particular) decidiu criar todas as condições para melhorar as condições de vida das famílias do combatente. O PAIGC dispunha dos "Armazéns do Povo", que eram abastecidos através dos recursos provindos da ajuda sueca. Com essa ajuda "não letal" do governo do reino da Suécia, eram adquiridos bens de consumo de boa qualidade, utilizados para a troca com os produtos agrícolas dos camponeses. Eles traziam o arroz, o óleo de palma e o mel e levavam em troca os produtos dos Armazéns do Povo. Os armazéns dispunham de mercadorias variadas de consumo corrente: caçarolas, baldes, mosquiteiros, tecidos e outros utensílios. E a direção decidiu servir-se desses recursos para também melhorar a condição das famílias dos combatentes. No sul da Guiné, fui o encarregado de implementar essa política social. Foi dessa forma que reforçamos a componente militar com a componente social. Por essa via, travamos vários efeitos prejudiciais da "Guiné Melhor".

O senhor mencionou que havia um impasse, um equilíbrio de forças. Como ele pôde ser rompido?

O secretário-geral e a direção do PAIGC estavam cientes de que era preciso romper o equilíbrio de forças prevalecente. Como romper com o equilíbrio? Era fundamental encontrar os meios antiaéreos para neutralizar a força aérea portuguesa. Amílcar Cabral, antes do seu vil assassinato, tinha conseguido esses meios antiaéreos modernos e muito eficazes. Conseguiu do Estado-Maior soviético o fornecimento dos mísseis antiaéreos portáteis STRELLA-2.[28] Ao se conseguir o fornecimento dos mísseis STRELLA-2, uma verdadeira proeza diplomática, estavam criadas as condições para a derrota dos colonialistas na Guiné. Seria neutralizado o domínio aéreo português; seriam igualmente neutralizados os helicópteros, os aviões, os caças que davam cobertura e apoio às forças terrestres portuguesas, quer quando atacavam as forças do PAIGC, quer quando eram alvos dos nossos ataques. Com efeito, antes do seu vil assassinato, Amílcar Cabral tinha conseguido do Estado-Maior soviético o fornecimento dessas armas fatais que abririam as portas ao desenlace vitorioso para a luta armada de libertação na Guiné.

Então, coloco a pergunta: como conseguiu a proeza de convencer os chefes militares soviéticos, tão rigorosos, circunspectos e altamente profissionais? Não disponho de dados suficientes para a resposta. O certo é que foi uma proeza de diplomacia militar ímpar e a manifestação da confiança de que gozava junto daqueles generais austeros e cautelosos. E alguns meses antes do seu assassinato, já se encontravam em formação na União Soviética os atiradores daquela arma sofisticada. O chefe da missão tinha sido o combatente cabo-verdiano, comandante Manecas Santos, da Frente Norte. Nunca é demais relevar o contributo excepcional de Amílcar Cabral para a nossa vitória sobre o colonialismo e para a derrocada final do império colonial português. O fim do império colonial ficou a dever-se, em grande medida, ao

28. O STRELLA-2 era um míssil portátil terra-ar, disparado sobre o ombro, de baixa altitude, guiado por um sistema de infravermelhos. Entrou em serviço na União Soviética em 1968.

contributo especial de Amílcar Cabral, como líder político e militar do PAIGC e um diplomata de exceção. Essa teria sido uma das razões para se preparar e perpetrar o seu assassinato, antes que fosse tarde demais para o império.

Os combatentes do PAIGC dispunham de uma outra arma de artilharia, ligeira e muito prática, com bom alcance, também de fabrico soviético, o 3P132 GRAD-P.[29] Numa guerrilha em que as armas e as munições são carregadas pelos combatentes, é importante que não sejam pesadas. O peso é uma sobrecarrega e dificulta a mobilidade, quando as unidades guerrilheiras devem ter flexibilidade e grande mobilidade. Ora, o GRAD-P respondia a esses critérios operacionais. Além do mais, podia ser empregado com um só um tubo de lançamento ou com vários tubos, em bateria, em que era mais eficaz e com menor dispersão de tiro. Trata-se de uma versão reduzidíssima da arma pesada que o Exército soviético tinha usado na II Guerra Mundial, conhecida por "órgãos de Estaline" [Stálin], é uma versão mini. Isso permitia às nossas forças fazer ataques em todo o território, incluindo ao aeroporto de Bissalanca, a cerca de 10 quilómetros da capital Bissau. O combatente que dirigiu a artilharia naquela operação foi o comandante Agnelo Dantas Pereira, que reside presentemente na cidade da Praia. A participação dos artilheiros cabo-verdianos, cuja preparação académica permitia tirar um maior rendimento da utilização daquelas armas modernas, tinha representado uma mais-valia para a eficácia da nossa artilharia.

O senhor já mencionou o assassinato de Amílcar Cabral, em 20 de janeiro de 1973. Como o senhor recebeu a notícia?

Amílcar Cabral já nos tinha alertado sobre a probabilidade desse risco, a partir do recolhimento de várias informações recebidas de amigos no seio do Exército português. Penso que a informação teria vindo, é uma suposição minha, do Partido Comunista Português. Considero

---

29. Lança-foguetes portátil desenvolvido em meados dos anos 1960 para unidades especiais soviéticas.

que falhamos porque os nossos serviços de informação e segurança trabalharam mal as informações recebidas e subavaliaram os riscos que daí advinham e a possibilidade real da sua concretização. Refletindo sobre o fato, considero que falhamos, globalmente, trabalhamos mal e o próprio Amílcar Cabral não teria dado o valor necessário e tomado mais medidas de precaução que o risco exigia, porquanto era uma questão de análise de riscos e de ameaças e das probabilidades da sua ocorrência. Quando se impunha o seguimento regular daquela situação, agimos de forma pouco precavida, superficial e subjetiva, porque pensávamos que as pessoas, os nossos camaradas, não chegariam a ponto de cometer aquele crime hediondo de traição. Foi um erro grave de avaliação.

Encontrava-me na base de Kandiafara, na Frente Sul, onde trabalhava. O que tínhamos verificado de anormal naquele dia? Dispúnhamos de um sistema de transmissão que nos permitia contatar regularmente o Secretariado-Geral, em Conacri. Não estávamos a conseguir a ligação com Conacri. Os nossos telegrafistas passaram todo o dia sem conseguir a ligação. Não estávamos a compreender as causas, porquanto a ligação com o interior funcionava normalmente. Quase ao anoitecer, mais ou menos seis horas da tarde, o responsável pelos serviços de logística militar na Frente Sul, Mamadú Alfa Djalo, foi ter comigo e disse-me: "Pedro Pires, ouvi na BBC a notícia de que Amílcar Cabral foi assassinado." Qual foi o nosso espanto! Como!? Não tínhamos dados. O que fazer? Era preciso não perder a lucidez, arrumar as ideias e procurar ultrapassar os efeitos daquele grande choque inesperado.

Como reagi? Qual a decisão que tomei naquele momento? Estava a anoitecer. Convoquei uma reunião com a unidade de artilharia, que era nossa vizinha, para comunicar aos combatentes a desgraça que nos tinha acontecido. Reafirmei e garanti que aquele crime não ia travar o processo, não ia travar a continuação da luta, e que devíamos estar preparados para continuar o combate. Foi isso! Mas tivemos esse rasgo de iniciativa e lucidez, falamos, explicamos o que devíamos fazer. Não me lembro se consegui dormir naquela noite, pois a perturbação provocada pela notícia recebida era tanta que não permitiria dormir. Era preciso pensar e pensar em busca de respostas para as interrogações e as dúvidas que me invadiam. No dia seguinte, como não tínhamos contato com o Secretariado-Geral, mandei um emissário a Boké, ponto de passagem entre Kandiafara e Conacri, onde estava uma representação do PAIGC e estavam sediados vários serviços de apoio, entre os quais o hospital central da Frente Sul.

Daí tivemos a informação mais detalhada dos acontecimentos pelo responsável local, José Pereira. Aristides Pereira, que tinha sido raptado, muito maltratado e colocado numa lancha militar da Marinha do PAIGC comandada por Inocêncio Kani, que se deslocava rumo a Bissau com a intenção de o entregar ao governador colonial, já se encontrava libertado e em tratamento. A lancha da Marinha do PAIGC, conduzida pelos raptores, tinha sido capturada por uma fragata da Marinha soviética, que estava em permanência no porto de Conacri e prestava proteção ao governo. Hoje temos mais informações sobre aquele barco, sobre o comandante do barco, sobre a operação de resgate, do que naquela altura. Depois da obtenção de todas essas informações, fiquei aguardando as chegadas do interior do comandante Nino Vieira e da Cármen Pereira, os principais responsáveis da frente e da Região Sul, para que nos deslocássemos juntos a Conacri, a fim de conhecermos mais em detalhe a situação criada, participar nas exéquias oficiais e fazer a reunião de avaliação da nova situação com os demais membros do Comitê Executivo da Luta (CEL) do PAIGC.

E o senhor chega a Conacri quantos dias depois do assassinato?

Teria sido algo como uma semana. Não teria sido menos do que isso. No primeiro dia, segundo dia, à procura de informações; terceiro dia, para preparar a organização para ir a Conacri; quarto e quinto dias à espera do pessoal que estava no interior; no sétimo dia, já estaríamos em Conacri. Mais ou menos. Seria no dia 27 ou 28 de janeiro.

Chegando a Conacri, como o senhor encontrou a situação? Como se inteirou do que havia acontecido?

Cheguei a Conacri, fomos recebidos pelos guineenses da República da Guiné, encaminharam-nos para uma residência, ou algo assim, que tinham preparado para nós. Não chegamos às instalações do PAIGC, que estavam sob vigilância, sob a proteção das autoridades guineenses. Dirigiram-me para essa residência, não me permitiram ir diretamente ao hotel onde estavam o Luís Cabral e outros dirigentes do PAIGC. Ao Nino Vieira permitiram que fosse. Reconheceram-no. Eu e a Cármen, não permitiram que fôssemos nos juntar aos nossos camaradas que se encontravam hospedados num hotel no centro da cidade. No dia seguinte, o pessoal do PAIGC que estava no hotel foi buscar-nos para nos juntarmos ao resto da direção do PAIGC. Fizeram-se os funerais de Estado com muita dignidade. Eu é que não estava inspirado e preferi pensar mais naquela tragédia e buscar as possíveis saídas para o futuro e como seria esse futuro complicado.

Em homenagem a Amílcar Cabral, o presidente Sékou Touré e o seu governo organizaram um simpósio internacional e consagraram-lhe um funeral com honras de chefe de Estado, associada a uma grande manifestação popular. Foi após a realização do funeral oficial que as autoridades guineenses devolveram à direção do PAIGC o controlo das suas instalações sediadas em Conacri. A seguir, os dirigentes presentes fizeram uma visita prolongada a todas as dependências e instalações e reassumiram de forma plena o seu controlo. O ambiente encontrado era pesado e de muita tristeza e de emoção, de tristeza e de vergonha.

Não foi fácil. Depois daquela tragédia, as pessoas andavam transtornadas, envergonhadas e desnorteadas. Pessoalmente, reagi àquele ambiente preocupante e depressivo e propus aos meus colegas do Comitê Executivo de Luta (CEL) a realização de uma reunião extraordinária para a análise da situação criada e traçar as orientações para o futuro próximo. Aquela situação de desânimo era perigosa e impunha-se ultrapassá-la com ações, e traçar novos rumos e novas responsabilidades. Fez-se aquela reunião, traçaram-se novas linhas de orientação e voltamos às nossas frentes de luta. No nosso caso, regressamos à Frente Sul, reconfortados e determinados a levar avante o combate e assumir plenamente a concretização do nosso compromisso com Amílcar Cabral, com o PAIGC e com o povo. Os outros também regressaram às suas frentes e às suas funções e responsabilidades. A palavra de ordem adotada era: "Vamos continuar, vamos criar todas as condições para intensificar a luta armada e causar mais derrotas ao Exército colonial." Essa era a resposta necessária aos colonialistas. A resposta era intensificar a luta. E decidiu-se, não em pormenores, a preparação da Operação Amílcar Cabral, extensiva a todo o território da Guiné-Bissau. Seria a nossa resposta e uma grande homenagem póstuma ao nosso líder desaparecido. E assim aconteceu! Derrotamos o colonialismo na Guiné-Bissau e Cabo Verde e afundamos o império colonial.

Mas em relação à conspiração, aos responsáveis pelo assassinato, qual foi o quadro que o senhor encontrou? Quando perceberam o que havia acontecido? Quem estava envolvido?

Os que estavam envolvidos mais diretamente no assassinato estavam sob a custódia das autoridades guineenses. Não se encontravam sob a nossa responsabilidade. O presidente Sékou Touré tinha organizado uma Comissão Internacional de Inquérito (CII), em que não houve uma representação da direção do PAIGC. Estavam integrados na CII alguns embaixadores e uma representação da FRELIMO. Naquela ocasião, estava de visita a Conacri uma delegação da FRELIMO, dirigida por Samora Machel, de que fazia parte Joaquim Alberto Chissano. Foi após a conclusão das cerimónias fúnebres que reassumimos a direção do Secretariado-Geral, das instalações, dos armazéns, da frota de caminhões, das escolas, da Rádio Libertação, das comunicações e do prédio que albergava os prisioneiros de guerra. Enfim, de tudo o que nos pertencia. Depois de uma relativa normalização da situação em Conacri, era urgente voltar às frentes da luta armada, organizar uma campanha de informação sobre a nova situação e incutir a todos a necessidade do prosseguimento da luta e a confiança na vitória sobre o colonialismo. Foi uma intensa ação política de remobilização das populações e dos combatentes. Era preciso convencer a todos. Era normal que não ficasse por muito tempo em Conacri e regressasse à Frente Sul. Foi o que aconteceu com todos os outros responsáveis militares. Como comprometido perante o CEL, cada um devia voltar ao seu posto e esforçar-se por cumprir com empenho as suas funções. Quem assumiu a liderança do Secretariado-Geral e as nossas instalações e dependências em Conacri foi o camarada Luís Cabral. Teria que ser ele. Segundo a nossa organização e hierarquia partidária, e na ausência de Aristides Pereira, que era, então, o secretário-geral adjunto, seria ele a assumir aquelas responsabilidades. Posso afirmar que cumpriu bem aquela missão bastante sensível.

E a Operação Amílcar Cabral a que o senhor se referiu, em que consistiu?

A Operação Amílcar Cabral tinha como objetivo geral a intensificação e multiplicação da ação militar e os ataques por todo lado, em todas as três frentes, e tornar a vida insuportável aos militares portugueses. Consistia em redobrar a realização de emboscadas nas vias de comunicação entre os quartéis, dificultar as operações de abastecimento, cercar e flagelar os quartéis mais isolados, preparar e realizar um ataque forte de destruição e conquista de um quartel relevante que tivesse um grande impacto no moral dos militares portugueses e simbolizasse a nossa força militar e a nossa determinação em prosseguir o combate até a vitória sobre o colonialismo. Representava igualmente a homenagem póstuma devida a Amílcar Cabral e a manifestação da nossa fidelidade ao compromisso patriótico de derrotar o colonialismo nos nossos dois países. As vitórias subsequentes à Operação Amílcar Cabral viriam a constituir um verdadeiro golpe de morte desferido ao colonialismo português na Guiné e, por extensão, em Cabo Verde e nas demais colónias portuguesas em África. Representou o ponto de partida do desmoronamento do muito celebrado império colonial português, que se concluiria com o golpe de Estado de 25 de abril de 1974, celebrado como a Revolução dos Cravos.

Na Frente Sul, elegeram-se como objetivos a atingir duas operações mais importantes: a derrota ao assédio militar permanente à nossa zona libertada de Cubucaré e a destruição e conquista do quartel tampão de Guiledje, que tinha como missão o controlo do principal corredor de entrada da frente (militar) e da Região (estrutura político-civil) Sul. A Operação Guiledje já estava incluída em nosso plano de ação militar, com Amílcar Cabral ainda em vida, porquanto já se tinham conseguido os meios antiaéreos indispensáveis, cujos atiradores estavam em preparação na União Soviética, para neutralizar a aviação militar inimiga. Retomaram-se as operações de reconhecimento para a localização das posições e subsequente utilização da nossa artilharia, constituída por morteiros 120 e 81, GRAD-P e canhões sem recuo B-10 e para a montagem dos campos de minas anticarro e antipessoal que deviam fechar o cerco ao quartel de Guiledje. O trabalho de reconhecimento prévio era bastante exigente, pois não dispúnhamos de cartas em escala militar adequada. Mas, de todo modo, fez-se um trabalho cuidadoso de reconhecimento que proporcionou os elementos indispensáveis para assegurar a eficácia dos bombardeamentos da artilharia. Quando já se estava numa fase bastante adiantada do trabalho de reconhecimento, chegaram os mísseis antiaéreos STRELLA e os atiradores que tinham concluído a formação na União Soviética. No sentido de assegurar o cerco completo de Guiledje, montou-se uma segunda operação de menor envergadura, que compreendia a flagelação e cerco ao quartel de Gadamael-Porto, que servia de desembarcadouro para o encaminhamento de abastecimento para a tropa e era a ponte de ligação de Guiledje com o resto das unidades militares. No decurso dos combates, as duas operações complementares foram-se transformando numa única e com o aumento da relevância prevista para Gadamael, podendo-se considerar como a "Batalha Guiledje-Gadamael".

No quadro daquela operação, fiquei encarregado da preparação e organização dos serviços da retaguarda e, sobretudo, da logística militar. Era preciso assegurar todas as condições para garantir o êxito da operação. Desloquei-me algumas vezes a Conacri e a Boké para a requisição e garantia dos recursos militares necessários e a mobilização das provisões alimentares indispensáveis. Garanti o cumprimento dos objetivos e das metas estabelecidos para o arranque da operação.

Os atiradores, acompanhados dos seus mísseis STRELLA-2, foram distribuídos pelas três frentes de luta no mês de março de 1973. A chegada daqueles atiradores à Frente Sul tinha coincidido com a fase final da operação de reconhecimento e de preparação das posições de fogo da artilharia, durante a qual o quartel-alvo foi periodicamente flagelado pela nossa infantaria, a fim de manter aqueles militares sob pressão psicológica permanente.

O comandante da operação, Nino Vieira, decidiu testar a eficácia dos mísseis recém-chegados. Realizou-se um ataque de ensaio ao quartel, na intenção de servir de isca para atrair a aviação militar portuguesa. Assim, aconteceu e surgiram, em defesa do quartel flagelado, dois caças FIAT 91, que fizeram alguns sobrevoos no dia 25 de março. Foi um excelente teste: um dos aviões foi abatido. Três dias depois, foi abatido o segundo FIAT 91, pilotado pelo então comandante da Força Aérea Portuguesa na Guiné, a partir de uma posição de fogo situada no sector de Madina do Boé. Para os pilotos portugueses foram duas surpresas aterradoras e para as nossas forças representaram a aquisição de uma arma letal e de grande valor estratégico, que iria alterar os pressupostos militares e abrir o caminho à nossa vitória militar e política sobre o colonialismo português. A situação militar tinha começado, naquele momento, a deteriorar-se, irreversivelmente, para as Forças Armadas portuguesas de ocupação. Tinham perdido o domínio aéreo absoluto e as suas forças terrestres ficaram muito mais expostas aos ataques dos combatentes do PAIGC. A operação iria prosseguir numa situação de fraqueza e desvantagem para os efetivos militares daquela unidade que já se encontrava cercada. Do lado das nossas forças, partimos de uma situação de vantagem militar e moral, e a conquista da nossa vitória tinha ficado facilitada.

Os trabalhos de reconhecimento preparatórios da Operação Guiledje foram de muita qualidade. Foram criadas as condições que proporcionariam uma grande eficácia e eficiência aos bombardeamentos da nossa artilharia àquele quartel. A entrada dos mísseis STRELLA-2 no teatro de operações foi uma mais-valia excepcional, porquanto neutralizou a aviação portuguesa e reforçou a segurança das nossas forças, eliminando as ameaças e os constrangimentos provocados pela aviação e pelas forças aerotransportadas portuguesas. As nossas forças que cercavam aquele quartel, quer artilharia, quer infantaria, tiraram os melhores resultados dos armamentos disponíveis e das circunstâncias favoráveis geradas. As instalações militares, incluindo os abrigos, foram completamente destruídas. Os comandos da unidade, perante o cerco, a intensidade e a eficiência dos ataques das nossas forças, decidiram pela fuga e pelo abandono da unidade que tinham por missão defender, utilizando furtivamente um atalho utilizado pelos caçadores fulas residentes na povoação que estavam integrados naquela unidade militar. Abandonaram as armas pesadas, os meios de transporte militar, os frigoríficos e os produtos alimentares para o abastecimento da unidade, incluindo bidões de vinho de péssima qualidade. A decisão de fuga e o abandono foram muito mal recebidos e censurados pelo governador e comandante-chefe das Forças Armadas, general António Spínola, que mandou prender o comandante da unidade e levá-lo a Bissau para ser julgado em tribunal militar, por traição. A Operação Guiledje constituiu uma grande vitória e a resposta adequada ao crime de assassinato do secretário-geral do PAIGC.

Com a conquista de Guiledje e tirando proveito dos efeitos psicológicos da vitória, reorientou-se o esforço principal das nossas forças para o ataque ao quartel de Gadamael-Porto. Também aí, as instalações militares foram completamente destruídas e os militares portugueses forçados a abandoná-las para se refugiarem nos terrenos pantanosos circunvizinhos. Essa unidade só não foi abandonada porque houve um esforço redobrado e a intervenção direta do Estado-Maior de Bissau, incluindo uma visita inopinada do general-governador. Os soldados foram ameaçados com fuzilamentos e o comandante foi substituído por um oficial considerado mais corajoso e mais capaz. Mas os efeitos danosos no moral das tropas portuguesas mantiveram-se. As nossas forças decidiram reduzir a intensidade da sua intervenção naquele quartel porque tinha começado a época das chuvas e era impossível utilizar os morteiros e, particularmente, o morteiro 120.[30] Os resultados vitoriosos das duas operações colocaram o Exército colonial numa situação de risco e de enorme fragilidade perante a nova capacidade revelada pelas forças do PAIGC.[31]

A Operação Amílcar Cabral tinha uma abrangência nacional. Dei o panorama mais detalhado referente à Frente Sul, onde me encontrava destacado. Para se ficar com uma visão mais completa da situação militar provocada, vou apresentar um panorama muito sucinto referente à Frente Norte. A operação foi bem-sucedida em todas as frentes. Na Frente Norte, a ação principal concentrou-se sobre o quartel de Guidadje, em cuja defesa o Exército penou muito e sofreu elevadas baixas. Dispunham igualmente dos mísseis STRELLA-2 e foram abatidos dois aviões que procuravam apoiar as operações de infantaria de resgate do quartel, sitiado e em dificuldades. Realizaram-se várias emboscadas nas vias de comunicação, com muitas baixas para as forças do inimigo. As nossas forças consolidaram as suas posições e destruíram, num embate que teve lugar no "chão" de manjacos, uma companhia inteira dos Comandos Africanos, da qual um tenente africano salvou-se e passou para as nossas forças.

As derrotas militares sofridas durante aquela operação tiveram fortes impactos no seio do governo da colónia e na hierarquia militar. Numa reunião de comandos — ou seja, dos principais responsáveis militares da colónia — realizada em Bissau a 15 de maio de 1973, ficaram explícitos a desorientação provocada pelo surgimento no teatro de guerra dos mísseis antiaéreos, a derrota sofrida pelo Exército colonial

30. A esse respeito, ver o filme-reportagem de A. J. Dias Gonçalves sobre a guerra colonial na Guiné com o título *A guerra — Episódio 34 — Pânico em Gadamael*. Disponível em: <https://youtu.be/hZ1DlNbenbs>. Acesso em: 15 nov. 2020.

31. Consultar a Acta Confidencial da Reunião de Comandos, realizada em Bissau a 15 de maio de 1973, em que o general Spínola e seus colaboradores reconheciam a superioridade das forças do PAIGC e os riscos de colapso do Exército colonial na Guiné. Ver também carta do general Spínola dirigida ao CEMG, general Costa Gomes, e ao ministro do Ultramar, Silva Cunha, de 22 de maio de 1973, alertando para os riscos de colapso das suas forças.

e os riscos que prenunciavam o seu colapso. Houve mudanças manifestas, quer políticas, quer militares, nas chefias militares e governativas, de que se destacaram a resignação e a substituição do general António Spínola, governador e comandante-chefe das forças, e, mais tarde, a destituição e a substituição dos comandantes dos Comandos Africanos, muito expostos e maltratados no decurso da operação. Os êxitos da Operação Amílcar Cabral tiveram impacto visível nas cúpulas militares em Lisboa, provocando alterações nas estruturas do Estado-Maior General. Com os dados e os esclarecimentos apresentados e confirmados, estou certo de que ficaram evidentes o importante valor militar e histórico da Operação Amílcar Cabral e o seu concurso decisivo para a derrota do colonialismo e para o desmoronamento do império colonial português em África. É justo destacar-se que, para a concretização dessa importante gesta militar e patriótica, tiveram papel decisivo o PAIGC, partido dirigente da luta de libertação, os seus dirigentes e combatentes.

Queria retomar a pergunta sobre o assassinato de Amílcar Cabral, que nunca foi muito esclarecido. Teve o envolvimento de Inocêncio Kani e Isidoro Lima, que eram…

Há um equívoco na sua pergunta. Inocêncio Kani,[32] Emílio Costa, também oficial da Marinha, e mais dois ou três marinheiros foram os autores materiais daquele vil assassinato. Estiveram presos, foram julgados pelo Tribunal Militar e condenados por crime de alta traição. Os outros elementos, comprovadamente participantes naquela conjura, foram igualmente julgados e condenados por alta traição. Caso o Isidoro Lima estivesse implicado no assassinato seria preso, julgado e condenado na mesma altura. O que aconteceu é que o seu nome foi citado em relatórios da PIDE/DGS, inclusive a partir da agência em Cabo Verde, como informador, que pedia financiamento para organizar o as-

32. Inocêncio Kani foi um guerrilheiro do PAIGC, responsável pelo assassinato de Amílcar Cabral. Disponível em: <www.britannica.com/biography/Amilcar-Lopes-Cabral#ref1203324>. Acesso em: 30 abr. 2020.

sassinato de Amílcar Cabral, no Senegal ou na Guiné-Conacri. Isidoro foi recrutado em França, numa missão que liderei, e fez a preparação militar em Cuba. Desistiu de continuar como combatente armado do PAIGC e ficou a prestar serviço a bordo do barco civil de transporte de mercadorias que fazia viagens a Freetown. Numa dessas viagens, fugiu em Freetown e, provavelmente, na busca de alguma forma de sobreviver, teria sido recrutado como informante por algum agente da PIDE/DGS, que devia ter sido o emigrante e agente cabo-verdiano de nome "Tonizona" que vivia em Freetown.

Regressou a Cabo Verde, adoentado, vivia muito mal em Santo Antão e contactou-me, através do presidente da Câmara Municipal da Ribeira Grande, pedindo-me apoio. A Presidência da República custeou as despesas da sua deslocação a Praia e ainda concedi-lhe um pequeno apoio financeiro mensal e encarreguei um funcionário de tratar da obtenção de uma pensão, cujo processo estava em curso quando faleceu. Durante a sua estadia na Praia, foi assistido por um neto que prestava serviço militar. Infelizmente, morreu antes de receber a pensão. A Presidência custeou as despesas do funeral. Teria sido em 2008.

Por que assassinaram Amílcar Cabral?

A pergunta mais correta seria: por que os dirigentes colonialistas portugueses decidiram preparar e executar, e naquela altura, o assassinato de Amílcar Cabral? Na minha ótica, a razão principal do crime veio clarificar-se posteriormente, com os êxitos inequívocos da Operação Amílcar Cabral, organizada e realizada no território da Guiné, sob a liderança do seu partido, que conduziram à derrota das Forças Armadas colonialistas e, por extensão, em Cabo Verde e nas demais colónias africanas portuguesas e ainda, por arrastamento, ao desmoronamento do vangloriado império colonial português. Visto desta perspectiva, era urgente travar Amílcar Cabral antes que fosse tarde demais para a sobrevivência do império. Com efeito, Amílcar Cabral e o PAIGC representavam a maior ameaça à sobrevivência do império colonial português.

Portugal encontrava-se numa situação de crise sistémica de contornos problemáticos. Com efeito, o país vivia uma crise abrangente: política, militar, econômico-financeira, social e cultural. Os seus recursos caminhavam para o esgotamento e não conseguiam aguentar os gastos avultados exigidos pelo esforço de guerra prolongada nas três colónias africanas. No plano interno, tinha crescido a oposição e o descontentamento pelos sacrifícios humanos, económicos e financeiros impostos ao país. A juventude tinha dado as costas ao mito imperial e escolhido como modo de resistência à participação nos esforços da guerra colonial a deserção e a emigração para França. Tinha aumentado a desconfiança interna no bom senso da política colonial belicista de Salazar e crescido a dúvida quanto a uma eventual vitória sobre os movimentos de libertação armados. O futuro do país e do regime manifestava-se bastante incerto. No plano internacional, o regime português encontrava-se cada vez mais isolado, "orgulhosamente só", e os seus aliados mais próximos tinham começado a demarcar-se da sua política nas colónias e do seu discurso político atrasado, no mínimo de 60 anos. Portugal encontrava-se no período histórico das décadas de 1930 e 1940 do século passado.

Em contrapartida, eram indiscutíveis o crescimento da audiência e credibilidade internacional de Amílcar Cabral e a afirmação do seu estatuto político internacional, enquanto líder de um movimento de libertação africano vitorioso. Consolidavam-se o seu prestígio e autoridade moral, especialmente na ONU, onde interveio, em 1972, perante a IV Comissão da Assembleia Geral com o estatuto de observador, facto inédito, na altura, para o líder de um movimento africano de libertação, que tinha aproveitado para convidar a Assembleia Geral a enviar uma missão de observação a Guiné-Bissau. Tinha ganhado a credibilidade e o respeito no seio da Organização da Unidade Africana (OUA) e junto das lideranças africanas. Tinha granjeado simpatia e respeito dos "*opinion-makers*" ocidentais e conquistado bastante credibilidade junto às chancelarias ocidentais. Enfim, tinha adquirido o estatuto de combatente e homem de Estado respeitável.

No decurso do ano de 1972, Amílcar Cabral e o PAIGC afirmaram-se e ganharam muitos êxitos no plano externo. Além da Missão de Observação da ONU às zonas libertadas na Região Sul da Guiné, também primeira e única do género, visitou as zonas libertadas uma delegação do Comité de Libertação da OUA, chefiada pelo seu presidente, o major tanzaniano Hakim Mbita. Tinha acolhido as duas importantes delegações na nossa base de Kandiafara, orientei a organização das duas missões. As duas iniciativas credibilizaram e legitimaram a liderança de Amílcar Cabral. Ainda no campo da apresentação e da credibilização das vitórias do PAIGC, visitaram as zonas libertadas vários jornalistas e repórteres televisivos. Na estratégia de Amílcar Cabral, era importante legitimar, por factos e por testemunhos credíveis, os ganhos e as vitórias políticas, militares e culturais da nossa luta proclamados pelo PAIGC e os tornar em recursos políticos e diplomáticos.

Durante o ano de 1972, enquanto Amílcar Cabral e o PAIGC encontravam-se em crescendo político, militar e diplomático, o governo de Portugal, ao contrário, encontrava-se em declínio económico, militar e diplomático. O isolamento de Portugal e do colonialismo português na ONU era evidente, o que representava um mau presságio. Deve-se destacar o contributo da diplomacia africana e da OUA. Os seus aliados mais fiéis mostravam-se agastados com o imobilismo do regime. O ministro das Relações Exteriores do Brasil, Mário Gibson Barboza, na visita que fez ao Senegal em novembro de 1972, foi forçado a subscrever um comunicado conjunto com o governo senegalês que condenava, apenas, o colonialismo... Mesmo assim, teria sido uma primeira ação da diplomacia brasileira.[33]

Na minha visão, o ano de 1973 estava augurado a colocar grandes desafios ao colonialismo português na Guiné. Amílcar Cabral tinha anunciado, na sua mensagem do Ano-Novo, a próxima instalação da Assembleia do Povo da Guiné, na intenção da proclamação unilateral da independência, e os mísseis antiaéreos STRELLA-2, que já

33. Tinha começado a se definir o que seria denominado mais tarde como "a política africana do Brasil", com a viagem do ministro Gibson Barboza, em novembro de 1972, a nove países da África ocidental: Costa do Marfim, Gana, Togo, Daomé (atual Benim), Zaire (atual República Democrática do Congo), Camarões, Nigéria, Senegal e Gabão.

tinham sido assegurados, iam entrar no teatro de guerra. O governo português estava em risco de sofrer uma dupla derrota: no plano interno e no plano externo, o que veio, finalmente, a acontecer sem a liderança de Amílcar Cabral.

Caracterizei o contexto em que antecedeu aquele crime ignóbil. Ficou claro que quem estaria interessado e quem carecia urgentemente daquele crime, para tentar garantir a própria sobrevivência, eram o império colonial português e o regime político instalado em Portugal. Ambos corriam o risco de derrota simultânea e de desaparecimento sincrónico da história de Portugal e da África, porquanto os destinos dos dois estavam intrinsecamente interligados.

Estava em andamento uma dinâmica que devia conduzir à emergência do Estado soberano da Guiné-Bissau. Quem estava interessado em travar isso? Não seriam os membros do PAIGC, nem seriam os guineenses, não. Referi-me à guerra psicológica, um elemento importante da guerra antissubversiva. Ora, um outro elemento que se costuma utilizar são os antigos presos políticos. Geralmente, esses presos políticos são trabalhados pelos serviços de informação. No caso, em Portugal, trabalhados pela PIDE/DGS. Aí, emergiram vários traidores. Na Guiné, também houve esses traidores. Elementos que tinham sido presos e considerados heróis, mas que no fim transformaram-se em miseráveis traidores, em agentes do colonialismo, numa orientação clara de destruição e divisão do PAIGC entre guineenses e cabo-verdianos, entre dirigentes e combatentes. Havia esse trabalho psicológico, enquadrado na dinâmica da "Guiné Melhor", da "guerra psicológica" e da mentalização das populações. Foram dois ou três desses antigos presos políticos, que estiveram desterrados no presídio do Tarrafal, na ilha de Santiago — o Momo Touré, o Aristides Barbosa e mais um outro —, que se encarregaram desse trabalho sujo de divisão e destruição por dentro do PAIGC.

Foi utilizada uma outra artimanha insidiosa para dividir: que, caso o PAIGC se separasse de Cabo Verde, o governo português estaria preparado a conceder a independência só a Guiné-Bissau. Para tentar compreender a gestação da traição e dos traidores, numa guerra de longa duração, a guerra na Guiné, devemos incluir a sua fase preparatória, também. De 1961 até 1973, já tinham decorrido 12 anos. Há sempre gente cansada, com fraca preparação política, fraca consciência nacional, que pode se deixar seduzir pelas falácias das campanhas colonialistas. São coisas possíveis. O PAIGC foi infiltrado por agentes dos serviços secretos militares e civis portugueses, por elementos ligados à PIDE/DGS. E houve gente no PAIGC com alguma responsabilidade, que vinha dando mostras de... não chamaria isso de cansaço, mas de "saturação", ou de incoerência e debilidade moral. Manipulou-se e aproveitou-se essa miscelânea social para o recrutamento de agentes e de traidores à causa da libertação do domínio colonial.

A lógica simplista para os assassinatos de líderes dos movimentos de libertação nacional, preparados e cometidos pelos serviços secretos das potências colonialistas, tem-se baseado na ideia simplista: "liquidando a direção, liquida-se a luta", o que tem-se revelado completamente falso. Isso teria estado na base do pensamento e da organização do assassinato. Mas tenhamos em conta que não se estava perante a primeira tentativa de infiltração e destruição do PAIGC: houve a Operação Mar Verde, de assalto à capital guineense; a tentativa no interior da Guiné, na Frente Norte, de infiltração, de corrupção e divisão das forças armadas do PAIGC pelo serviço de informação do Estado-Maior das Forças Armadas portuguesas, sob a orientação pessoal do general Spínola, governador da colónia. Foi o caso dos majores do Estado-Maior neutralizados em Pelundo, no Chão dos Mandjacos.[34]

Não tinha sido a primeira tentativa, foi a última, porque conseguiram assassinar Amílcar Cabral, que regressava à sua residência depois de uma recepção na embaixada da Polónia, sem a proteção da sua segurança pessoal. No seguimento ao ato criminoso, foi raptado Aristides Pereira, que estava no gabinete, levado numa lancha militar do PAIGC que devia ser conduzido a Bissau. O barco fugitivo foi interceptado pelo caminho, e os executantes daquele crime foram

34. No dia 20 de abril de 1970, três majores, um alferes e três guias guineenses foram mortos numa emboscada por guerrilheiros do PAIGC.

neutralizados. O barco era dirigido por Inocêncio Kani, o principal responsável por aquele crime de traição. Está claro que Amílcar Cabral não era o primeiro líder dos movimentos de libertação a ser assassinado. Muitos outros foram assassinados antes dele. Por quê? É a lei da guerra impiedosa movida aos combatentes da liberdade africanos e, ao mesmo tempo, a aplicação da ideia simplista de que, liquidando a direção, ou liquidando o chefe, criariam tanta confusão que esses movimentos de libertação entrariam num estado de deterioração, ou de conflito interno, e desapareceriam. Ou então, os que ficassem seriam recuperados pelo poder colonial.

Finalmente, quais eram os objetivos dos serviços secretos portugueses e dos seus dirigentes? O objetivo final daquele crime traiçoeiro, um verdadeiro ato de terrorismo de Estado, comandado pelos dirigentes colonialistas portugueses na Guiné e na metrópole colonial, era a decapitação do PAIGC, a divisão dos seus militantes e apoiantes, a eliminação dos seus dirigentes mais coerentes e fiéis ao ideal da libertação, a divisão e a desagregação das suas forças de combate, pôr fim à luta de libertação e manter Guiné e Cabo Verde como colónias de Portugal, destruindo o sonho da libertação, personalizado por Amílcar Cabral, procurando salvar por todos os meios o colonialismo e o império colonial.

Não havia um medo de que houvesse uma infiltração, uma articulação maior no interior do PAIGC? Como se sabia qual era a extensão desse problema no interior do PAIGC?

Considero que não havia medo, talvez a melhor palavra fosse: havia um risco. Mas quando se está numa situação daquelas, de uma guerra de libertação, assumem-se e enfrentam-se elevados riscos. Havia esse risco, é verdade. Mas não estávamos numa situação de normalidade. Estávamos, e isso é um elemento importante, num ambiente que não era um ambiente de paz, era um ambiente de guerra, um ambiente de anormalidade, onde se encontravam em interação homens armados. Risco há sempre! Tanto é que aconteceu o pior.

E o senhor tinha medo da própria morte, depois do assassinato de Amílcar Cabral?

Se teria pensado na eventualidade da minha morte, do meu assassinato? Não, não me passou pela cabeça. A nossa preocupação, minha e dos outros, era normalizar a situação e continuar o combate. Da nossa perspectiva, tínhamos sofrido um golpe duro do inimigo, o colonialismo português. O que fazer? Tínhamos um compromisso de libertação do nosso país, a única saída era continuar. Não pensamos em desistir. Isso não passou pelo nosso espírito. Quanto a riscos... bom, acreditamos em nós mesmos, acreditamos na nossa capacidade de ultrapassar aquela situação crítica. Mas a ideia seria que não demos conta do risco nem da gravidade da situação, porque a nossa orientação, o nosso pensamento dirigia-se noutra direção. Não dava para ter medo. Não dava para desistir. Então, dava para quê? Dava para enfrentar o inimigo, correndo os riscos, todos. Em 1970, por pouco, podia ter perdido a vida, quando o caminhão militar em que viajava pisou uma mina anticarro. Eram os riscos da nossa opção política e militar.

O assassinato de Amílcar Cabral abateu o moral da tropa e o dos comandantes? Ele era o líder desde o início da luta de libertação.

Veja, está claro que era uma situação gravíssima. Foi terrível perder o líder em quem nós depositávamos a confiança, que orientava a nossa ação. Teríamos dado conta da gravidade daquela situação? Duvido que tivéssemos dado. O que estava no nosso espírito era: "Bom, já sofremos esse golpe, vamos ultrapassar isso, vamos castigar aqueles que o fizeram." E fomos cumprir a orientação que tinha saído da reunião do CEL que fizemos em Conacri, depois dos funerais oficiais de Amílcar Cabral. A decisão foi essa: "Cada um volta ao seu posto e vamos todos, juntos, substituir Amílcar Cabral; vamos todos, juntos, intensificar a luta armada; e vamos fazer o máximo para ganhar a guerra, para não a perder." Agora, o estado de espírito, está claro que era diferente, de uns e de outros. Uns ficaram muito abalados, com enormes tristezas; sim, assisti a isso. Todos nós ficamos abalados, tristes, é certo, mas tínhamos uma missão histórica, tínhamos um compromisso com o nosso povo e o nosso país. Esse sentido de compromisso era maior que todo o resto, e isso havia que se cumprir. Fizemos isso. Passado o momento trágico, que foi o enterro — isso foi o mais trágico —, decidiu-se o caminho a seguir e quais eram as nossas responsabilidades pessoais e coletivas. A tristeza não resolvia o problema, as lamentações não resolviam o problema. O importante era fazer um esforço íntimo para ultrapassar o sentimento de perda e prosseguir o combate até a vitória.

Em julho ocorre o segundo congresso do PAIGC, na região do Boé, e Aristides Pereira fica como sucessor de Amílcar Cabral.

Como secretário-geral do PAIGC. Mas em que contexto teve lugar o II Congresso do PAIGC? Foi num contexto de muito otimismo e de confiança no futuro. O II Congresso seguiu-se às vitórias decisivas conquistadas na frente militar na Guiné. Foi depois da tomada de Guiledje; depois da destruição de Gadamael-Porto; depois da destruição de Guidadje e outros quartéis na Frente Norte; depois do derrube de cerca de uma dezena de aviões militares portugueses. Foi depois daquelas vitórias que teve lugar o II Congresso. Num contexto completamente diferente, num contexto que podíamos chamar de "a caminho da vitória". Nessa altura, com a neutralização da cobertura aérea portuguesa, estávamos numa situação militar bastante confortável, pois tínhamos conseguido romper o equilíbrio do poderio militar a nosso favor. Tínhamos à nossa frente a perspectiva da vitória.

Para se ter a ideia da real situação em que se encontravam os dirigentes políticos e militares portugueses na Guiné, há uma ata confidencial da "Reunião de Comandos Militares na Guiné", de 15 de maio de 1973, em que se reconheceu a situação de grande fragilidade em que se encontravam as Forças Armadas portuguesas. Estava evidente! Não tivemos naquela altura, mas muito posteriormente, o conhecimento da referida ata. Tenho uma cópia nos meus documentos. Essa ata dá a dimensão da real situação, que contradiz toda a conversa de bazófia do general Spínola e do seu *staff*. Reconhecia-se que a entrada dos mísseis STRELLA-2 no teatro de guerra tinha mudado as relações de força e que o Exército colonial corria riscos sérios de uma derrota militar explícita. Foi assim que Spínola foi forçado a abandonar os cargos de comandante-chefe e governador da colónia. Spínola saiu da Guiné derrotado. É preciso clarificar — não nos venham com outros discursos —, a situação era essa: estávamos numa situação boa, boa política e militarmente. Portanto, o PAIGC estava em condição de resolver a questão da liderança com tranquilidade e sem pressões políticas.

Decorrente das sevícias a que tinha sido sujeito quando do assassinato de Amílcar Cabral, Aristides Pereira, o novo secretário-geral, corria o risco de perder os dois braços, pois tinha sido muito maltratado a bordo da lancha onde esteve aprisionado. Foi evacuado para Moscovo e fizeram-lhe um tratamento muito eficaz, creio que tradicional, no sul da Rússia, com lama radioativa, e conseguiu recuperar completamente os movimentos dos membros superiores. Tinha regressado em condições de assumir a liderança do PAIGC. Considero que estava bem, quer do ponto de vista físico, quer do ponto de vista mental. Estava apto e foi escolhido por unanimidade para a liderança do PAIGC. Exercia antes o cargo de secretário-geral adjunto e foi eleito ao cargo de secretário-geral e líder do PAIGC. Posteriormente, se pode perguntar: Quais teriam sido os efeitos da tortura, dos maus-tratos físicos e psicológicos? Mas isso nunca foi discutido. No entanto, entendo, hoje, a que tinha sido sujeito; quais os efeitos vistos, a fim de receber a atenção de que pudesse necessitar. Agora estamos à vontade para falar disso. Mas naquela situação de anormalidade, estávamos num contexto diferente de refreamento de manifestações de sentimentos. Estava-se num contexto bastante sensível e de relativa insegurança, de relativa incerteza; enfim, no contexto de uma luta armada. Estou a pensar na expectativa muito humana de manifestação expressa do reconhecimento e da gratidão dos seus companheiros de armas pelo seu enorme sacrifício pessoal ao serviço da nossa causa libertadora.

6

A independência de Guiné-Bissau

"Tínhamos conseguido a vitória pela qual vínhamos lutando"

Em 24 de setembro de 1974 ocorre a proclamação unilateral do Estado de Guiné--Bissau. Como se chegou à decisão de proclamar a independência?

Disse que, na sua mensagem de Ano-Novo de 1973, Amílcar Cabral perspectivava isso. Nós não fizemos mais do que seguir, chamemo-lo, o roteiro político e estratégico deixado por Amílcar Cabral. Resolvida a questão da liderança do PAIGC, ficava por definir "o que fazer a seguir", e sobretudo qual o proveito a tirar das importantes vitórias militares conseguidas. A partir da nova situação política e militar criada, começou-se por um trabalho diplomático sério e prévio, sob a responsabilidade do secretário-geral, Aristides Pereira, e de Luís Cabral, secretário-geral adjunto, no sentido de garantir os apoios políticos e diplomáticos indispensáveis, que garantissem a viabilização da decisão. Da ação político-diplomática desenvolvida pela liderança do PAIGC, foi garantido o apoio diplomático da maioria dos Estados africanos e conseguiu-se, ainda, o apoio diplomático de vários países não alinhados e, particularmente, o apoio diplomático precioso do governo da Índia. Aristides Pereira referiu-se a isso nas suas memórias: o apoio da Índia, da Indira Gandhi. Se de um lado as vitórias militares davam-nos legitimidade e força internas para avançar com o projeto, de outro lado era recomendável que fosse assegurada, antecipadamente, a suficiente legitimidade política e diplomática internacional. Conseguiu-se obter o apoio que era preciso. Suponho que uma boa parte da atividade diplomática teria sido realizada na reunião, em Argel, dos países não alinhados. Cautelosamente, o PAIGC fez o trabalho diplomático prévio, e só depois avançou com o projeto da proclamação do Estado soberano da República da Guiné-Bissau, no dia 24 de setembro de 1973.

Esse trabalho diplomático já vinha de bem antes. O PAIGC sempre teve uma estratégia bem-sucedida internacionalmente, não?

A presença internacional do PAIGC era muito forte, ativa e bastante diversificada. Dispúnhamos de uma presença internacional sólida, digamos; possuíamos influência, prestígio e reconhecimento internacional legitimados pelos resultados confirmados da luta armada no território nacional da Guiné-Bissau. Para além do contributo e da solidariedade dos países socialistas, devemos relevar a contribuição importante do Movimento dos Países Não Alinhados para a libertação da África. Alguns países desse movimento foram muito importantes. Assim, o apoio ao PAIGC e ao seu líder, Amílcar Cabral, ultrapassava os blocos socialista e africano para incluir igualmente um bom número de países não alinhados. Por fim, a nossa luta libertadora gozava da simpatia e do apoio das "forças progressistas" europeias, entre as quais se destacava o governo da Suécia e do seu primeiro-ministro Olof Palme.[35] O somatório dessas forças políticas e sociais diversificadas e muito representativas criava as condições favoráveis à concretização daquela iniciativa visionária e audaciosa da nossa libertação, a proclamação unilateral da independência.

Em abril de 1972, o senhor recepcionou o comitê da ONU que visitou os territórios libertados.

Sim, foi uma vitória diplomática magnífica. O convite de uma missão da ONU a fazer aquela visita de observação a Guiné-Bissau foi de uma

35. Sven Olof Joachim Palme (1927-1986) foi primeiro-ministro da Suécia de 1969 a 1976 e de 1982 a 1986, pelo Partido Social-Democrata. Teve atuação contrária ao colonialismo no continente africano.

grande visão política e uma decisão muito audaciosa. Levar diplomatas, uma delegação da ONU, a visitar as regiões libertadas não passaria pela cabeça de ninguém. Contudo Amílcar Cabral teve a visão estratégica e a ousadia política de idear esse ato, impensável para muitos, por ocasião da sua intervenção perante a IV Comissão da Assembleia Geral da ONU. A Comissão Especial da Descolonização aceitou o convite, um autêntico desafio, e decidiu enviar uma missão de observação às zonas libertadas da Guiné.[36] Com efeito, é de se reconhecer e enaltecer a decisão do Comité Especial, que foi tão audaciosa quanto o convite de Amílcar Cabral. Como explicar o facto? A sua razão só pode estar na simpatia de que gozava a nossa luta de libertação e, sobretudo, na simpatia, no prestígio e na confiança de que gozava o seu líder junto das instituições e dos membros da ONU. A visita bem-sucedida daquela missão a Guiné-Bissau contribuiu para reforçar e credibilizar o discurso político do PAIGC, que se resumia nas seguintes asserções: "Temos uma grande parte do nosso território libertado, enquanto as zonas urbanas estão ocupadas pelo nosso inimigo; encontramo-nos na condição de um Estado agredido por forças estrangeiras e colonialistas." Aquela missão comprovou a nossa visão, testemunhou e confirmou a existência das zonas libertadas.

Ora, o Exército português na Guiné e o governador da colónia tinham tido a informação de que a visita ia ter lugar. A ONU teria comunicado a realização da visita, era bem possível que sim, porque nas vésperas da sua chegada a Kandiafara, na base onde me encontrava, houve um intenso bombardeamento da artilharia de Guiledje na direção da nossa posição e muito movimento de tropas portuguesas, sobretudo de tropas helitransportadas, na zona que, em princípio, a missão devia percorrer e visitar. Houve assaltos e bombardeamentos. Os assaltos militares e os bombardeamentos intensos tinham como ob-

36. Composição da Missão da ONU: chefe de missão, Horácio Sevilla Borja; Kamel Belkhiria, membro, tunisino; Folk Lofgren, membro, sueco; Cheickh Tidiane Gaye, senegalês, secretário; e Yutaka Nagata, japonês, fotógrafo. Os embaixadores Horácio Sevilla Borja e Folk Lofgren foram agraciados em 2009 com a Ordem Amílcar Cabral, pelo presidente da República de Cabo Verde, comandante Pedro Pires.

jetivo intimidar a missão e nos intimidar também, e de fazer malograr aquela importante e inédita iniciativa político-diplomática. Talvez, no espírito dos portugueses, estivesse a ideia de que elevando os riscos não ousaríamos prosseguir com a missão. Porém ousamos, a missão cumpriu-se e foi bem-sucedida. Com muitas dificuldades, porque teriam que contornar as tropas que o comando militar português tinha lançado naquela zona.

A missão foi recebida pelo comandante da Frente Sul, Nino Vieira, e o seu Estado-Maior. Visitaram a seguir várias escolas, o hospital e conviveram com a população e com dirigentes locais do PAIGC. Foi uma missão audaciosa e arriscada, em que aqueles diplomatas da ONU deram provas de muita abnegação e de elevado sentido de responsabilidade política e histórica. Era uma primeira para a ONU e para um movimento africano de libertação. Na delegação, para além do equatoriano Borja [Horácio Sevilla Borja], havia um sueco, um tunisino, um assistente senegalês e um fotógrafo japonês.[37] Foi tudo registrado, e as melhores fotografias que vi da luta na Guiné foram as fotografias desse japonês. Entre muitas, havia uma, de um forte simbolismo — um guerrilheiro deitado a dormir, descalço, só as pernas e as palmas dos pés, e ao lado a sua arma, uma Kalashnikov. Eram os pés e as pernas para marchar e a Kalashnikov para combater! Era uma imagem simples e forte que caracterizava muito bem a nossa luta e a vida do guerrilheiro e seu esforço pessoal. Onde estarão as fotografias? É bem possível que estejam na ONU, mas são das coisas mais lindas e comoventes que já vi.

E quando terminaram a missão, foi um alívio enorme, não tinha havido nenhum contratempo. Estiveram comigo no início e no fim da visita. Acompanhei-os até a entrada efetiva no território de Guiné-Bissau, fui recebê-los de novo no regresso da missão. Tinha sido uma enorme satisfação acolhê-los no fim triunfante daquela grande ousadia. Regressaram a Conacri, onde foram recebidos por Amílcar Cabral,

---

37. Uma entrevista de 2019 e várias fotos do fotógrafo japonês Tadahiro Ogawa (n. 1942) podem ser encontradas em: <www.odemocratagb.com/?p=22039>. Acesso em: 29 abr. 2020.

no Secretariado-Geral do PAIGC. Terminou a missão! Do ponto de vista diplomático, teria sido uma das realizações mais marcantes da nossa diplomacia combatente, do PAIGC, particularmente de Amílcar Cabral, que representou a sua consagração como grande líder africano e da luta de libertação nacional. Tudo isso permitiu depois a proclamação da independência e o reconhecimento, logo de início, por um grande número de Estados africanos, por vários Estados não alinhados e por alguns socialistas. Mas isso não significava que os socialistas tivessem aprovado automaticamente a nossa iniciativa. Eram bastante cautelosos. Teriam sido a RDA, República Democrática da Alemanha e a União Soviética. O resto, não me lembro bem. Mas esses dois teriam sido os primeiros. A posição da Índia, no Movimento dos Não Alinhados, teria sido determinante. Por fim, quando iniciamos a negociação com os representantes portugueses, em maio de 1974, o Estado da Guiné-Bissau tinha sido reconhecido, até essa altura, por 84 países, mais do que 50% dos membros da ONU.

Antes disso ocorreu a Revolução dos Cravos, em 25 abril de 1974. Como o senhor recebeu a notícia de que o regime salazarista tinha caído em Portugal?

O "25 de Abril" foi a reação dos jovens militares sacrificados pela guerra colonial e, particularmente, dos oficiais capitães, politicamente mais conscientes, ao fracasso da política colonial guerreira, à política retrógrada, extemporânea e errada do regime português no poder, que podia conduzir o país a um colapso militar. Foi a forma encontrada de romper o imobilismo político vigente e de sair daquele impasse político e militar. Os riscos militares eram evidentes e muitos. Portanto, a forma de sair era a mudança do regime político instalado em Portugal. Contudo, não podíamos prever qual seria a configuração que viria tomar. Mas sabíamos que aquela situação não podia continuar. A publicação do livro do general Spínola, *Portugal e o futuro*,[38] constituía sinal forte

38. *Portugal e o futuro* foi publicado em 22 de fevereiro de 1974, pouco mais de um mês depois de António de Spínola ter sido empossado como vice-chefe do Estado-Maior General das Forças Armadas portuguesas. No livro, o ex-governador da

do esgotamento do regime e da sua guerra. A existência do Movimento dos Capitães dava outros sinais. O levantamento falhado de Caldas da Rainha a 16 de março de 1974 representava outro sinal. Eram sinais claros de crise, de desorientação, de desconfiança e de indisciplina no seio das Forças Armadas, silenciosas e submissas por natureza. Como seria o desfecho, qual seria a liderança, não estávamos em condições de responder. Mas havia sinais de crise; tínhamos, perfeitamente, a noção dela.

A 7 de abril de 1974, tinha sido chamado a Conacri para elaborar um pequeno memorando sobre a situação militar na Guiné e sobre as nossas necessidades naquela altura, por ocasião da visita que Aristides Pereira devia fazer a Moscovo a fim de continuar o tratamento. Tinha em vista um encontro com os líderes militares do Estado-Maior soviético a fim de analisar a continuação da ajuda militar e ver em que meios podiam reforçar as nossas capacidades operacionais para acelerar a vitória em vista. Ora, nesse documento elaborado a 7 de abril, a que dei o título "Algumas reflexões sobre a situação militar e as perspectivas do seu desenvolvimento", afirmava: "Os soldados portugueses e a economia portuguesa estão profundamente afetados pela guerra colonial e um desastre está à vista."[39] Não aprofundei a análise do relatório com o secretário-geral, mas deixei-lhe aquela nota premonitória. O 25 de Abril aconteceu, quando Aristides Pereira tinha iniciado, ou estava se preparando para retomar o tratamento na União Soviética. Regressou inopinadamente a Conacri. Portanto, o 25 de Abril, como disse, não podíamos prever como seria, quem seriam os líderes, mas que podia acontecer era previsível e evidente, e que o regime ditatorial e colonialista estava em crise profunda era outra evidência insofismável. Mas como é que iam sair da crise, não podíamos prever. Mas não foi nenhuma surpresa para a liderança do PAIGC.

Guiné-Bissau advogava, após 13 anos de Guerra do Ultramar, uma solução política e não militar como sendo a única saída para o conflito. Marcelo Caetano disse tratar-se de um verdadeiro "manifesto de oposição" ao regime e de um golpe militar anunciado. Spínola foi demitido de suas funções no dia 14 de março.

39. Do comandante Pedro Pires, membro do Conselho de Guerra do PAIGC: "Algumas reflexões sobre a situação militar e as perspectivas do seu desenvolvimento", Conacri, 7 de abril de 1974.

Do novo governo, quem se encontrou com Aristides Pereira foi o Mário Soares, que ficou como ministro dos Assuntos Estrangeiros, e houve o cessar-fogo. Foi logo depois?

Não houve um cessar-fogo oficial. Houve, sim, uma suspensão tácita das operações militares. Na nossa perspectiva, não se estava a fazer a guerra por fazer. Portanto, toda iniciativa que pudesse conduzir ao fim da guerra, toda negociação que pudesse conduzir ao fim da guerra era bem-vinda para o PAIGC. Logo, a ideia de negociar, a ideia de haver uma negociação política sem ter que ir ao extremo da solução militar era desejada por nós. Assim, quando houve o contacto com o dr. Mário Soares, ministro dos Negócios Estrangeiros, ou melhor, quando o governo português entrou em contacto com o presidente Senghor, do Senegal, solicitando os seus bons ofícios para um encontro com o PAIGC, aceitamos de imediato a realização do encontro.

Como disse, não se faz uma guerra por prazer de fazer uma guerra. Se nós tínhamos objetivos políticos a atingir, desde que os nossos objetivos fossem conseguidos ou salvaguardados, não seria necessário continuar a guerra, pois tinha-se tornado desnecessária e inútil. Com a ida de Aristides Pereira ao Senegal e o encontro com o ministro Mário Soares, tinha ficado combinada a realização de negociações para a resolução do conflito político e militar entre Portugal e o PAIGC. O início das negociações foi um mês depois do 25 de Abril, a 25 de maio de 1974, em Londres. Face ao acontecido, houve uma, podemos dizer, redução das atividades militares. Portanto, um compasso de espera, mas não foi um cessar-fogo oficial e formal. Porque cessar-fogo só teria lugar no fim das negociações. Houve um certo compasso de espera, uma suspensão tácita, dos dois lados, das operações militares, o que expressava o nosso estado de espírito otimista.

E o senhor vai a Londres como chefe de negociação pelo PAIGC.

Sim, fui escolhido para chefiar a delegação do PAIGC para as negociações. Houve uma manifesta confiança na minha pessoa e na minha capacidade política e militar. Mas é preciso que se note que, após a proclamação da independência, houve a eleição do presidente do Conselho de Estado, a constituição do governo dirigido por Francisco Mendes, Tchico Té. Os membros do governo eram designados comissários. Fui indicado para o cargo de comissário-adjunto para as Forças Armadas. Ocupava o terceiro lugar na hierarquia governamental. Acumulava a função governamental com as outras funções no Conselho de Guerra e na Frente Sul. Fui a Londres como membro do Comité Executivo de Luta do PAIGC e membro do seu Conselho de Guerra. Integrava a estrutura superior do PAIGC, na qual ocupava o sexto lugar na hierarquia partidária. Foi o órgão superior do PAIGC, o seu Comité Executivo de Luta (CEL), que confirmou a composição da equipa para as negociações e confiou-me a sua liderança.[40]

Como foram as negociações em Londres, com Mário Soares e os outros?

Nós tínhamos a lição bem estudada. A mudança de ambiente era enorme, quando estávamos a sair da mata da Guiné para desembarcar em Londres. Era uma grande mudança! Estava acostumado aos meus companheiros do maqui, e de repente estamos a desembarcar numa grande cidade, que é Londres. Se nos inibimos? Longe disso. Estávamos confiantes, bastante confiantes! Convencidos de que tínhamos conseguido a vitória pela qual vínhamos lutando havia mais de uma dezena de anos. Portanto, o nosso estado de espírito era de muita confiança e de enorme autoestima; confiantes naquilo que fizemos, naquilo que queríamos. Estávamos fortes e tínhamos preparado muito bem a nossa argumentação.

Antes de viajar a Londres, passamos por Argel. Trabalhamos com alguns dos membros da delegação argelina que tinha negociado com a França, entre os quais o ministro de Educação e Investigação Científica, Mohammed Seddik Benyahia, que veio a falecer em 1982 num acidente de aviação quando estava numa missão de mediação no con-

40. Delegação do PAIGC: Pedro Pires, Úmaro Djalo, Lúcio Soares, José Araújo, Bobo Keita, Júlio Semedo e Gil Fernandes.

flito armado entre o Irã e Iraque.[41] Discutimos bastante e informaram-nos como tinha sido o ambiente de negociação com a França e quais as cautelas a tomar. Viajamos a Londres — é preciso destacá-lo — num avião do Estado argelino, não utilizamos o voo de carreira normal. Fomos recebidos no aeroporto de Londres pelo embaixador da Argélia, Lakhdar Brahimi. Instalamos o nosso "estado-maior" na embaixada argelina e nos beneficiamos do apoio material, jurídico e diplomático daquela embaixada. O embaixador atuou como um verdadeiro assessor político e jurídico. Do nosso lado, foi nosso jurista o dr. José Araújo, membro da nossa delegação. Esse apoio solidário e competente fez com que não estivéssemos isolados nem desgarrados. Foi essencial para o bom desempenho da nossa missão.

As negociações com os portugueses foram árduas. Porém, a delegação portuguesa estava desfasada e não conhecia a evolução da situação na Guiné-Bissau, depois da proclamação do Estado soberano. Pensavam como se essa nova realidade não existisse e esperavam que fôssemos negociar o modo de exercício do direito à autodeterminação e independência, quando tínhamos ultrapassado esse estágio e exercido plenamente esse direito de soberania, a 24 de setembro de 1973, com a proclamação unilateral da República da Guiné-Bissau. Estávamos a representar um Estado que já tinha sido reconhecido por 84 países, mais de 50% dos membros da ONU, e que estava, inclusive, a preparar o pedido de adesão à ONU. Entramos e desembarcamos em Londres com o passaporte diplomático da Guiné-Bissau. As autoridades inglesas, ao aceitarem o nosso passaporte, ao carimbar o nosso passaporte, reconheciam de facto a República da Guiné-Bissau. Portanto, nesse aspecto, estávamos bem fundamentados. E levamos os portugueses a se convencer: "Não; não está em discussão o exercício do direito à autodeterminação e independência. Está em discussão o reconhecimento por Portugal do Estado da Guiné-Bissau, reconhecido por 84 países

41. Mohamed Sedick Benyahia (1932-1982) fez parte da equipe argelina que negociou o Acordo de Évian com a França. Desempenhou vários cargos ministeriais e era ministro dos Negócios Estrangeiros quando faleceu em 1982.

membros da ONU. Nessa matéria, não abdicamos de nada. Portanto, não vamos dar nenhum passo atrás. Vamos entender-nos sobre isso?" Não foi fácil levá-los a aceitar essa realidade, com que não contavam, que os ultrapassava. O líder da delegação portuguesa voltou a Lisboa para consultas com o governo e com o presidente da República, general António Spínola, ex-governador colonial na Guiné, que tinha posições e interesses pessoais que queria impor nas negociações. A firmeza da nossa delegação e a força dos nossos argumentos e da nossa posição internacional forçaram a que aceitassem a existência da República da Guiné-Bissau e o seu reconhecimento oficial pelo Estado português, como meio de solução do conflito armado que opunha o Estado português ao PAIGC e ao povo da Guiné.

Ficava por resolver a questão de Cabo Verde e dos mecanismos para o seu acesso à independência. Não propusemos que reconhecessem de imediato a sua independência, o que significaria uma transferência de poder ao PAIGC. Exigimos que reconhecessem o direito de facto dos cabo-verdianos à autodeterminação e independência. O modelo de como se processaria seria matéria de negociações futuras, como veio a acontecer. Nas negociações de Londres, do meu ponto de vista, apesar de todas as dificuldades, houve avanços significativos. Tínhamos chegado ao seguinte entendimento prático: o PAIGC indicaria dois representantes que iriam acompanhar e compartilhar das atividades desenvolvidas pelo encarregado de governo em função com o brigadeiro Carlos Fabião. E a direção do PAIGC, após o nosso regresso e no seguimento do nosso relatório sobre as negociações, indicou dois membros do Conselho Superior da Luta para aquela missão: Joaquim Pedro Silva e Juvêncio Gomes, que passariam a fazer parte da equipe que acompanhava e assessorava o encarregado do governo nas suas atividades e deslocações ao interior da Guiné. A partir daí, o PAIGC e o Estado passaram a dispor de dois representantes enquanto assessores do representante do Estado português. Isso dá-nos a ideia do avanço conseguido com essa atitude prática.

O outro aspeto que tinha dificultado a elaboração final do acordo em Londres, na parte respeitante a Cabo Verde, é que insistíamos muito em utilizar a "linguagem" da ONU, como forma de afastar qualquer outra interpretação avulsa dos compromissos assumidos. Toda a legitimidade internacional nossa, mas também dos outros movimentos de libertação nacional africanos, fundamentava-se no reconhecimento da legitimidade das decisões da ONU, garantidos os direitos à autodeterminação e à independência dos povos colonizados. Era a melhor forma de evitar quaisquer equívocos futuros. As negociações das independências da Guiné-Bissau e de Cabo Verde foram os meus aprendizados de diplomata e de homem de Estado.

Qual era a resistência dos portugueses, nesse momento, a aceitarem a linguagem da ONU?

Considero que havia resistência em aceitar a realidade tal como ela era. Havia quem continuasse a pensar em soluções arbitradas por Portugal e tivesse dificuldades em aceitar o desfecho desfavorável do conflito colonial. Mas por fim chegamos a um entendimento, mais razoável, e ficou a terminologia política utilizada pela ONU, que representava a legalidade internacional. Não estávamos sós, havia os outros movimentos de libertação de Angola, Moçambique e São Tomé e Príncipe, com os quais tínhamos o dever de solidariedade; portanto as coisas deveriam decorrer nesse quadro maior, que era o quadro da ONU. Não podíamos fazer acordos — era a nossa preocupação — que colocassem em risco os interesses políticos dos nossos companheiros de luta de Angola, de Moçambique e de São Tomé e Príncipe. Havia um quadro político e ético a respeitar: os interesses dos outros, os nossos companheiros de luta. E, noutro aspecto, não podíamos perder na secretaria o que tínhamos ganho no campo de batalha, como se costuma dizer. A ter que mudar, teriam que ser os portugueses e não nós.

No regresso, escalamos em Argel, de onde entramos em contacto com a nossa direção e demos conta dos resultados finais. A esse propósito, tínhamos contacto regular com a direção, usando a linguagem cifrada. Para se ter uma ideia da disponibilidade negocial da delegação portuguesa, a dado momento o seu líder teve um desabafo que considerei revelador do seu estado de espírito: "Se vocês quiserem continuar a guerra, continuem. Mas têm de arranjar um outro inimigo, porque não estamos dispostos a continuar a guerra." Registrei a sua franqueza! Serviu-me para fundamentar junto aos meus camaradas que o acordo era possível e a paz estava ao nosso alcance.

Regressamos via Conacri, e naquele momento a direção tinha-se deslocado para mais próximo da fronteira de Guiné-Bissau, para a cidade de Boké. Apresentamos o relatório da missão de que tínhamos sido incumbidos. Apesar dos resultados inconclusivos, consideramos que tinha havido avanços significativos e aconselhamos a continuação das negociações. Recomendamos ainda a mudança do local das negociações de Londres para Argel, onde estaríamos mais à vontade. E decidiu-se explorar a continuação das negociações com encontros no interior da Guiné, em que houve várias reuniões entre delegações do PAIGC e representações das Forças Armadas portuguesas, com a presença do encarregado do governo. Negociamos os detalhes do cessar-fogo e da evacuação das forças militares portuguesas. Esses compromissos serviram-nos de base para a continuação das negociações em Argélia e a adoção do documento que estabelecia o processo de retração das Forças Armadas portuguesas, das suas movimentações e de seu regresso a Portugal.

Como curiosidade, em Argel, um pequeno detalhe que estava a perturbar a conclusão das negociações era a permanência ou a retirada da bandeira portuguesa no Palácio do Governo em Guiné-Bissau, onde residia o representante do Estado português, durante o período de transição. A discussão era de um detalhe: assinado o acordo, a bandeira portuguesa fica ou não fica içada no palácio? A nossa delegação defendia: "Assinado o acordo, sai a bandeira." A delegação portuguesa resistia: "Não. Não podemos retirar a bandeira portuguesa enquanto estiver lá o representante do Estado português." Estávamos nesse impasse, fui para o hotel e pensei comigo: "Não vamos bloquear e atrasar a conclusão das negociações só por causa desse pequeno detalhe. Vamos permitir que a bandeira fique. Vamos estabelecer o tempo, o calendário para a saída das tropas portuguesas e a substituição das autoridades e dos símbolos, e durante todo o tempo em que o representante do Estado português estiver em Bissau permanecerá a bandeira portuguesa içada no Palácio de Governo."

Convoquei os membros da delegação e disse-lhes: "Vamos aceitar que fique a bandeira." Não havia unanimidade sobre aquele pequeno detalhe. Decidi consultar o presidente da Argélia, coronel Houari Boumédiènne. Respondeu-me mais ou menos nos seguintes termos: "Não há nenhum mal nisso. Vocês já esperaram tanto tempo, por que não esperar mais um ou dois meses?" Fiquei reconfortado e acordamos a continuação da bandeira portuguesa no palácio até finais de outubro. Fixamos um calendário que foi cumprido e até em menos tempo do que o previsto.

Assinamos o acordo a 26 de agosto de 1974 e regressamos a Guiné. Ficou acordado que o governo português faria a declaração do reconhecimento do Estado de Guiné-Bissau no dia 10 de setembro de 1974. A 10 de setembro, de novo, estive à frente da delegação do PAIGC. Éramos três: eu, o Victor Saúde Maria, que era, de facto, o ministro dos Negócios Estrangeiros da Guiné-Bissau, e o comandante Arafam Mané. Viajamos os três a Lisboa. De novo, utilizamos os passaportes diplomáticos da República da Guiné-Bissau para ir a Portugal.

E aceitaram o passaporte?

Sim, aceitaram! Utilizei o passaporte diplomático da Guiné-Bissau. Tenho-os comigo, esses passaportes. Vamos a Lisboa. O que há de interessante nessa visita minha a Lisboa? Como tinha dito, havia desertado das Forças Armadas portuguesas e regressei a Portugal como o chefe de delegação do PAIGC para testemunhar o reconhecimento do Estado de Guiné-Bissau. Tinha sido uma mudança radical do meu estatuto, passei de desertor a chefe da delegação do movimento de libertação triunfante. No decurso daquela missão registraram-se dois incidentes insólitos. Estávamos no Palácio da Presidência em Lisboa esperando a realização da cerimónia. Fomos cumprimentados com muita simpatia pelos membros do Movimento das Forças Armadas presentes, que lideravam as mudanças políticas em curso. Foi muito emocionante o encontro com aqueles oficiais que fizeram a Revolução do 25 de Abril. Foi extremamente emocionante. Alguns estavam deveras emocionados.

O senhor estava emocionado?

Nós estávamos emocionados, não sei, talvez estivéssemos. Mas não tenho ideia disso. Pessoalmente, estava cauteloso. O encontro com ex-governador da Guiné, nosso maior inimigo, não me entusiasmava; pelo contrário, incomodava-me. A cerimónia ia começar com um incidente insólito. Entrementes, chegou o presidente da República, general Spínola, que devia presidir aquele ato público de reconhecimento da República da Guiné-Bissau, dirigiu-se à nossa delegação e perguntou: "Quem é o senhor Arafam Mané?" O Arafam Mané apresentou-se e respondeu: "Sou eu." "Ah, o senhor é o único guinéu autêntico!" O Vítor Saúde Maria, por seu lado, retorquiu: "Não, senhor presidente, eu também sou autêntico. Sou mancanha de Bolama." Nesse caso, o único não autêntico era eu, que era cabo-verdiano! Estão a ver a provocação, a arrogância e a falta de decoro do presidente da República portuguesa?

O senhor acha que foi uma provocação mesmo?

Foi uma provocação gratuita e premeditada! Essa atitude demostrava a animosidade e o sentimento revanchista do general Spínola contra os cabo-verdianos. Estava evidente! Foi uma atitude grosseira premeditada. E tenha-se em conta que, para além da provocação, havia o propósito de humilhação. Dá-nos a ideia da tamanha arrogância do general vencido que não aceitava a sua derrota. Simbolicamente, talvez eu estivesse a personificar aqueles combatentes que o derrotaram na guerra e nas negociações. Como desforra, achou-se no direito de me insultar e no direito de me humilhar. Penso que não teria conseguido digerir a derrota que lhe infligimos na Guiné. Porventura, a minha presença estivesse a perturbá-lo.

O senhor respondeu?

Não, não podia responder nessa altura.

Uma atitude grosseira, a do Spínola, não?

Dava para entender todos os sentimentos, o ódio aos cabo-verdianos do lado dele. Já não está entre nós para nos explicar por que fez isso, mas estava na linha de continuidade da sua campanha perversa e caluniosa promovida contra os cabo-verdianos. Eu tinha ficado chocado e aborrecido com o incidente. O ministro Almeida Santos convenceu-me a aceitar o convite ao almoço no Palácio da Presidência, em Belém, oferecido à delegação de Guiné-Bissau. O local não era o salão principal. Talvez as circunstâncias não dessem para tanto. Apresentamo-nos, sem grandes preocupações. No decurso do almoço houve nova provocação. Tinha sido convidado também o embaixador brasileiro, que era um general. O nosso anfitrião, o presidente general Spínola, dirigiu-se sempre ao embaixador do Brasil, e não se dirigia a mim. Fingiu ignorar a nossa presença — afinal, éramos os homenageados! No *toast* de saudação à nossa delegação, novamente mais umas farpas dirigidas a nós, afirmou hipocritamente: "As primeiras pessoas que morreram pela paz na Guiné foram os portugueses." Referia-se aos majores dos serviços de informação militar do Estado-Maior do Exército português na Guiné que tinham fracassado, numa operação secreta de infiltração, de corrupção e de divisão das nossas forças combatentes, sob a orientação direta do próprio general Spínola, e tinham sido neutralizados e eliminados, enquanto inimigos que eram. Em continuação, fez uma série de considerações petulantes e descabidas.

Mas, para responder ao *toast* teria que ser eu, não o embaixador do Brasil... Afirmei, mais ou menos no estilo do discurso do PAIGC, na altura: "Nós aprendemos e fomos educados a não confundir o colonialismo português com o povo português. Nós somos amigos do povo português e consideramos o povo português, também, um amigo. Quero saudar (estou convencido de que não utilizei a palavra "felicitar") o senhor presidente da República pela coragem e lucidez em negociar conosco e pela decisão histórica de reconhecer o Estado de Guiné-Bissau;" Encerrei mais ou menos assim a minha resposta. Também isso deixou transparecer o estado da alma do general Spínola: para além de revanchista estava perseguido pelo fantasma da sua derrota na Guiné. Estava à procura de desforras morais.

Mas tinha ido mais longe nas suas investidas contra o PAIGC em busca de desculpas e de desforras. Num dos discursos que fez na altura, já depois do reconhecimento do Estado da Guiné-Bissau, teria dito o seguinte: "Portugal já fez a descolonização da Guiné. Agora falta o PAIGC descolonizar a Guiné." Isso é importante, esses pequenos detalhes dão para entender até a morte de Amílcar Cabral. Esses pequenos detalhes analisados e aprofundados dão sinais que ajudam a entender todo aquele imbróglio e os abalos causados aos perdedores. Na reação aos acontecimentos, a pessoa que me convenceu a ir ao almoço — eu estava reticente em ir — foi o ministro Almeida Santos, que tinha participado nas negociações conosco e com quem negociei, depois, a independência de Cabo Verde. Comentou da seguinte forma a indisposição manifesta do general Spínola: "Aquele almoço foi para o senhor presidente da República qualquer coisa como a extração de um dente sem anestesia..."

Quer dizer, o Spínola havia saído da Guiné, mas a Guiné não havia saído da cabeça dele...

A questão é essa! O general Spínola não saiu da Guiné, de bem. Foi forçado a deixar as funções de comando que exercia naquela colónia. A sua resignação foi uma consequência das vitórias militares e políticas do PAIGC. E a problemática da independência da Guiné transformara-se num trauma pessoal, que punha em causa a sua autoestima. Não conseguia separar as suas frustrações pessoais do resto do processo político em curso na Guiné e em Portugal. Isso o deixou frustrado ao não conseguir impor as suas ideias conservadoras e neocoloniais e em dissintonia completa com os oficiais mais jovens que de facto fizeram a revolução, que era o Movimento dos Capitães. Era um velho general ultrapassado pelos acontecimentos.

Cumprido o reconhecimento da República da Guiné-Bissau, havia a organização do regresso. Tínhamos feito, para ir a Lisboa, o percurso Conacri-Argel, Argel-Paris, Paris-Lisboa. Tinha viajado com meu passaporte da Guiné-Bissau. Para regressar a Guiné, colocou-se de imediato a questão, depois do reconhecimento, sobre qual seria o melhor caminho para o regresso. O nosso companheiro Vítor Saúde Maria tinha continuado a viagem para Nova York. Ficamos os dois em Lisboa, eu e o Arafam Mané. Pus-lhe a questão: "O que vamos fazer? Não vamos voltar a Guiné pelo mesmo itinerário que fizemos para chegar a Lisboa. Vamos fazer o voo direto, Lisboa-Bissau." Justifiquei: "Você não pode ter o reconhecimento nas mãos e entrar no país pela porta de trás, pelos fundos. Teremos que ir num voo direto a Bissau." Falei com o dr. Almeida Santos, solicitando-lhe que nos arranjasse dois bilhetes Lisboa-Bissau. Fizemos, então, a viagem Lisboa-Bissau, passando pelo aeroporto da ilha do Sal, em Cabo Verde, o que não estava previsto. Quando chegamos ao Sal, pedi que ficássemos a bordo, e responderam-me que devíamos descer. Quando desci, por surpresa minha, fui reconhecido pela aeromoça que estava a acolher os passageiros. Imediatamente, espalhou-se a informação de que eu estava de passagem no aeroporto, naquela altura era o "major Pedro Pires".

Era a primeira vez que o senhor pisava em Cabo Verde depois de muito tempo.

E era a primeira vez que utilizava o aeroporto do Sal. Conhecia Santa Maria e não conhecia os Espargos.

O senhor estava emocionado com isso?

Não tanto, nessa situação a pessoa está mais impressionada pela surpresa. Era uma surpresa. Bom, entrei e encontrei um ambiente de certa euforia, mas o instinto de segurança dava para desconfiar sempre. Apareceu muita gente a querer conhecer-me e falar comigo. Encontrei alguns dos companheiros da Guiné, que estavam em missão de mobilização no Sal. Entre eles, encontrava-se o Silvino da Luz, membro da direção do PAIGC. Falamos um pouco e retomamos o voo para Bissau. Combinamos o meu regresso a Cabo Verde, porquanto era o presidente da Comissão Nacional de Cabo Verde do PAIGC.

O desembarque em Bissau provocou mais curiosidade e muito mais movimento e entusiasmo. Tinha desembarcado em Bissau o "negociador" com os portugueses. Fomos acolhidos pelos camaradas que estavam a tratar da transferência do poder ao PAIGC. Depois de cumprimentar o encarregado do governo, brigadeiro Carlos Fabião, fomos transportados de helicóptero até o aeródromo do Gabu (Nova Lamego) e a seguir ao local onde estava instalada a direção do PAIGC, perto do quartel de Pitche, numas antigas instalações militares portuguesas em Fá Mandinga. Estava em preparação a celebração do primeiro aniversário da proclamação da independência de Guiné-Bissau, a 24 de setembro. A partir daquela celebração, fiquei livre para deixar o teatro de luta da Guiné e prosseguir o combate político, meu país de origem, as ilhas de Cabo Verde. Terminava assim o ciclo histórico da minha participação na luta política e armada de libertação na Guiné, que tinha começado 13 anos antes, em outubro de 1961.

7

A independência de Cabo Verde

"Não houvesse o PAIGC, Cabo Verde não seria livre"

O senhor havia assumido a Comissão Nacional de Cabo Verde por ocasião do segundo congresso do PAIGC.

Sim, eu fui indicado para presidir a Comissão Nacional de Cabo Verde do PAIGC, criado pelo II Congresso. Mas tinha continuado a cumprir as minhas funções na Frente Sul e no Conselho de Guerra, em que chefiava o Departamento de Recrutamento e Formação. Entretanto, tinha havido a alteração radical da situação política em Cabo Verde, com o advento do 25 de Abril e os primeiros contatos do PAIGC com as novas lideranças portuguesas. Era urgente agir, dar um novo impulso à luta política em Cabo Verde e tirar proveito sem demoras do novo contexto político gerado. Depois dos contactos com a delegação portuguesa em Dakar, constatada a mudança radical que tinha tido lugar em Portugal, quer do ponto de vista político, quer do ponto de vista das liberdades, o PAIGC decidiu encaminhar para Cabo Verde a maioria dos quadros que estavam na Guiné e outros que estavam no estrangeiro, sobretudo em Portugal e alguns na Holanda. Concentrou a sua atenção no desenvolvimento e aprofundamento da luta política em Cabo Verde, precisamente para garantir a materialização plena do exercício do direito do povo cabo-verdiano à autodeterminação e à independência. Mandou para Cabo Verde quase todos os seus quadros, que regressaram ao país com a missão de mobilizar e enquadrar as populações, organizar as estruturas do partido a fim de se criar as melhores condições para o desenvolvimento vitorioso do combate político em perspectiva. A direção garantiu os meios materiais e financeiros de suporte ao desenvolvimento favorável daquela missão. Não se podia perder tempo, porquanto era fundamental aproveitar a nova conjuntura política e agir rapidamente e bem.

O senhor veio em outubro de 1974 para Cabo Verde, logo depois da comemoração de um ano da independência de Guiné-Bissau. Já tinha havido, depois do 25 de Abril, a libertação dos presos no Tarrafal. Qual era a situação política que o senhor encontrou no seu regresso a Cabo Verde?

Quanto à libertação dos presos políticos do presídio do Tarrafal, deve-se ter em conta que as autoridades portuguesas não tinham manifestado ainda a intenção de os libertar. Estavam encarcerados naquele presídio os presos angolanos e cabo-verdianos. A sua libertação não estava ainda na agenda das novas autoridades portuguesas. Foram forçados a libertar os presos. Houve um grupo grande de pessoas, enquadradas por militantes do PAIGC, que se deslocara à vila do Tarrafal e impusera o encerramento da prisão e a libertação dos presos políticos. Não foi uma decisão voluntária das autoridades centrais portuguesas de abrir as portas da prisão e mandar soltar os presos políticos. Até porque continuavam em função o diretor e os demais responsáveis. Foram os participantes naquela manifestação que impuseram a soltura dos presos e o encerramento daquela prisão política, ao permanecerem firmemente no local exigindo a saída dos presos.

Aquela reação reivindicativa corajosa representava o impacto imediato da Revolução do 25 de Abril em Cabo Verde. O fato de ceder à vontade dos manifestantes, a aceitação da libertação dos presos políticos e o encerramento do presídio significavam que as autoridades coloniais tinham perdido o controlo da situação, porquanto o representante do poder colonial, que era o diretor do presídio, tinha perdido ou abdicado de uma parte dos seus poderes e deixado de estar em condições de os fazer respeitar.[42] Esse é um elemento importante para se entender a dinâmica política posterior ao Movimento 25 de Abril, que já tinha indicado o seu representante em Cabo Verde. Estava em marcha a substituição do poder colonial. Alguns passaram a ser os interlocutores das estruturas locais do PAIGC. As mudanças políticas e de poder estavam em marcha.

Nada tinha ficado parado, pelo contrário. Havia um ambiente de constante transformação política. Os militantes e os dirigentes do PAIGC presentes tinham feito um intenso trabalho de mobilização e conscientização antes do meu regresso. Os dirigentes que regressaram antes de mim, o Silvino da Luz, o Osvaldo Lopes da Silva, o João Pereira Silva e outros tiveram uma recepção que podemos considerar apoteótica, quer na Praia, quer em São Vicente. Eram os efeitos da vitória na Guiné-Bissau e das negociações com o novo poder em Portugal. Esses camaradas estavam a fazer um excelente trabalho de mobilização política, em cooperação com os dirigentes residentes em Cabo Verde e com os dirigentes e militantes que tinham regressado de Portugal, da Holanda, do Senegal. Houve uma autêntica convergência e concentração de esforços e de meios para vencer a batalha política intensa para a independência e derrotar qualquer manobra neocolonial que tentasse boicotar ou travar a nossa ação.

Mas eu ia dizer que houve uma outra pequena peripécia no meu regresso. Preparava-me para regressar num voo da TAP, via Sal, quando recebi a informação comunicando-me que não devia fazer essa viagem porque estavam a preparar-se para não me deixar desembarcar no Sal, ou então expulsar-me para Lisboa, algo assim do género. Até tinham incumbido de realizar essa missão um tal Sidónio Sacramento Monteiro, que era o administrador do Concelho de Tarrafal. Tinha sido enviado ao Sal para não permitir o meu desembarque. A justificação

42. O diretor do presídio do Tarrafal, em maio de 1974, era um funcionário superior do quadro administrativo de Angola, cabo-verdiano, de nome Eduardo Fontes.

era que tinha optado pela nacionalidade guineense. Encontrava-me em Bissau preparado para regressar. Face àquele imprevisto, decidi atrasar a viagem e ver o encarregado do governo, brigadeiro Carlos Fabião, para lhe explicar o embaraço em que me encontrava e solicitar o seu apoio na sua solução. Do nosso encontro, aceitou transportar-me num avião militar das Forças Armadas portuguesas, um *Noratlas*. Foi melhor para mim porque permitiu-me fazer o voo direto, com os seguranças que me acompanhavam, e, assim, desembarquei aqui no aeroporto da Praia num voo militar, no dia 13 de outubro de 1974. Foi dessa forma que se realizou o meu regresso a Cabo Verde. Houve um acolhimento apoteótico no aeroporto da Praia.

É preciso que se note que muita coisa já havia acontecido em Cabo Verde, desde o 25 de Abril. Encontrei o país em efervescência e em plena transformação. A pergunta era: "O que fazer?" Como resolver o impasse, como dar o passo seguinte? Cabo Verde encontrava-se, do ponto de vista da administração, completamente desgovernado. Por aquela ocasião, o general Spínola, então presidente da República, tinha organizado um encontro com o presidente do Zaire, general Mobutu, no Sal, para negociações ou, pelo menos, para coordenação de políticas quanto ao futuro da Angola. Tive a informação do encontro ainda em Lisboa e creio que teria, quando na minha escala no Sal, alertado os camaradas para essa eventualidade da vinda dos dois presidentes para um encontro com o propósito de coordenação de políticas sobre Angola. Sabíamos que seria certamente em prejuízo dos interesses do MPLA, que era o nosso aliado na CONCP.

Esse encontro correu muito mal para o presidente Spínola. Os nossos militantes, alguns foram da Praia e outros de São Vicente, organizaram-se e fizeram uma manifestação expressiva e convincente contra a sua presença e as suas manobras. Entregaram ao presidente Mobutu uma declaração reafirmando que os cabo-verdianos queriam a independência e nada mais. Como o encontro, que devia ser sigiloso, tinha sido descoberto e denunciado pelo PAIGC local, destruindo o secretismo das manobras políticas subentendidas, o presidente Spínola, frustrado e furioso, demitiu, na hora, o governador, vice-almirante Henrique Silva Horta, que tinha sido empossado havia cerca de um mês e meio. A partir daí o cargo ficou vago. Não foi preenchido porque, face às manobras dilatórias das autoridades portuguesas, o PAIGC, que tinha negociado a independência da Guiné-Bissau, recusou aceitar a indicação de um mero representante do poder colonial, na pessoa do ex-secretário-geral do governo da colónia, engenheiro Sérgio Fonseca, natural de Cabo Verde, que tinha sido nomeado e empossado em Lisboa, ignorando e desprezando os compromissos do governo português com o PAIGC e com a ONU. O PAIGC opôs-se firmemente àquela nomeação ilegítima e ameaçou não permitir o seu desembarque e instalação na capital cabo-verdiana.

Esse posicionamento firme contra a solução imposta pelo governo português teve um forte impacto político em Lisboa. Estavam em situação de impasse. O governador foi empossado em Lisboa, mas não veio a Cabo Verde para exercer a função porque a nossa posição foi: "Não, aqui não vem governador. Não há mais governadores da colónia. Se quiserem, vamos negociar, saber qual é o futuro e não impor-nos a continuação do mesmo sistema anterior."

Foi nessa situação de impasse que desembarquei em Cabo Verde. Também as Forças Armadas portuguesas em Cabo Verde estavam contra a política do seu governo, queriam ir-se embora, exigiam que o seu governo negociasse com o PAIGC ou então que passasse, pura e simplesmente, o poder ao PAIGC. Como sair daquela situação de impasse era a questão de fundo. Propus que fizéssemos uma declaração do Conselho Nacional do PAIGC de Cabo Verde a anunciar que estávamos disponíveis a negociar com o governo português e a encontrar juntos uma saída para a situação de bloqueio e impasse em que se encontrava Cabo Verde. É a partir daí que surge a possibilidade de começar a negociar com os portugueses os mecanismos que deviam conduzir à independência de Cabo Verde.

Nesse período de 14 meses entre a Revolução de Abril e a independência, havia outras forças políticas em Cabo Verde, que também se organizavam, mas o PAIGC acabou sendo reconhecido como o representante legítimo. Como foi lidar com os cabo-verdianos que não eram do PAIGC?

Não, na verdade quem existia era o PAIGC, que tinha legitimidade histórica, tinha lutado pela independência e era reconhecido pela Comissão Especial de Descolonização da ONU e tinha negociado com o governo português as condições em que devia processar a independência de Cabo Verde — o Acordo de Argel, de 26 de agosto de 1974. Havia dois movimentos que podiam representar algo: um chamava-se União Democrática Cabo-Verdiana (UDC), que surgiu em São Vicente, era reminiscência do neocolonialismo spinolista que tencionava dificultar e travar o processo da independência de Cabo Verde. O outro era a União dos Povos das Ilhas de Cabo Verde (UPIC) de José Leitão da Graça, mas que, do ponto de vista prático e operacional, representava pouco e pouca coisa podia fazer.

Mas era de esquerda também, não?

Não sei se era de esquerda ou se era esquerdista, mas que não era realista, não tinha os pés em terra, isto sim. Não era realista. Não tinha em conta a realidade. E a dinâmica imposta pelo PAIGC conduziu ao desaparecimento dele. Porque quem tinha mais recursos humanos e materiais, quem tinha mais militantes, quem tinha mais e melhores quadros era o PAIGC.

Vejamos que sobre a questão de independência de Cabo Verde, outros fizeram declarações as mais variadas, inclusive um movimento liderado por Roy Teixeira, americano de origem cabo-verdiana, e Aguinaldo Veiga, antigo funcionário colonial em Angola, que fez a proclamação da independência de Cabo Verde num hotel em Boston, com ameaças de invasão do país. Penso que o próprio Kissinger teria feito, em dada altura, uma declaração desfavorável à independência de Cabo Verde, porque o PAIGC ia entregar Cabo Verde aos soviéticos. Foi esse fantasma que utilizavam para nos combater e para combater a independência de Cabo Verde: a ameaça soviética, a ameaça do comunismo internacional. Portanto, esse era o fantasma utilizado durante todo esse tempo e, porventura, até hoje utilizado contra o PAIGC, por pessoas pouco sérias e destituídas do sentido da verdadeira história do nosso país.

Mas os americanos, entretanto, mandaram alguém para cá. Há um relatório desse enviado que se refere a isso. Como os americanos abrem, periodicamente, os seus arquivos secretos, pudemos ter acesso ao documento. A informação diz que a presença do PAIGC em Cabo Verde era muito forte e que os cabo-verdianos apoiavam maioritariamente o PAIGC. Entre as peripécias à volta do processo da independência, houve muitas. Na ONU, como eu disse, houve uma diligência junto do secretário de Estado americano, insinuando que seríamos uma base dos soviéticos, que seríamos agentes de Moscovo, como sempre, e que se devia impedir a nossa independência. Mas a pessoa enviada dos Estados Unidos até Cabo Verde, a cujo relatório me referi, tinha explicado o que estava acontecendo em Cabo Verde, anulado os inúmeros boatos nos Estados Unidos da América, no seio da comunidade cabo-verdiana nos Estados Unidos, e daí pelas europas afora, onde éramos tendenciosamente tratados como dependentes de Moscovo. Só que a realidade provou que estavam se baseando em preconceitos e tudo isso era falso. Que tudo isso eram suposições decorrentes da percepção preconceituosa que, no Ocidente político, tinham dos movimentos africanos de libertação independentes.

Mas alguns movimentos de libertação em África e Ásia alinharam-se mais diretamente ao bloco soviético.

Mas e os outros, estavam do lado de quem? Quem agia como nossos apoiadores ou como nossos aliados? Eram as democracias ocidentais? Não eram. Elas estavam, por interesse próprio, do lado do colonialismo português e nunca se desculparam por essa falha grave. Dizem-se democracias, mas eu não acredito muito em democracia que é democrática em casa, mas que é colonialista nas colónias. Convenhamos que não pode ser uma verdadeira democracia, porque não reconhece os mesmos direitos a todos os povos e a todas as pessoas. Aí temos de ser claros e não nos deixar ludibriar pelos discursos: não há democracia que possa ser democrática na Europa e colonialista em África. Não é democracia. Falta-lhe a dimensão universalista. É preciso ver que essas democracias — democratas na Europa e nas Américas, mas colonialistas em África — não estavam do nosso lado. Pensavam que os seus interesses eram mais bem garantidos pelo colonialismo português. Esse equívoco histórico é lamentável! Mas, íamos pedir-lhes o quê? Eles iam dar-nos o quê? Não sei. Deviam é rever a sua história e reconhecer os seus erros e omissões para com os povos colonizados.

No nosso caso, quem nos ofereceu e quem nos permitiu ter as armas foram os soviéticos, eram os *Kalashnikov*, símbolo das lutas de libertação nacional e que, por azar, são uma arma soviética. Que culpa temos nós? Outro facto importante, quando falei dos STRELLA-2, os americanos não iam dar-nos os mísseis correspondentes ao STRELLA-2 para deitar abaixo os aviões de um aliado da North Atlantic Treaty Organization (NATO) ou os Fiat 91 portugueses. Nós tínhamos de ser realistas, práticos: separar quem nos apoia de quem não nos apoia. E quem não nos apoiou deve fazer a sua autocrítica e reconhecer os seus erros, e não atribuir-nos os seus próprios erros. O erro vem de quem apoiou o colonialismo e não de nós, que não podíamos estar errados porque lutávamos pela nossa independência. Não pode ser assim!

O senhor, antes da independência mesmo, deixou clara a sua visão de que o PAIGC não era um partido marxista-leninista.

Não era, não!

Mas havia a opção de ser, nesse momento? Dentro do partido havia pessoas com essa posição?

Para lhes dar uma ideia dos sentimentos de Amílcar Cabral, houve um dado momento em que os soviéticos teriam comentado: "Vocês estão a se aburguesar", ou "vocês estão sendo revisionistas", ou qualquer coisa do género, "porque recebem muito apoio, estão a se aproximar muito da Suécia". E Amílcar Cabral teria respondido: "Eu, se pudesse oferecer ao meu povo uma condição de vida igual à da Suécia, sentir-me-ia realizado."

As nossas relações com os outros partidos políticos eram abertas. Não eram só com os países socialistas, os partidos comunistas. Contudo, a ideologia não é uma doença contagiosa. Se as pessoas pensam que se você convive com o Partido Comunista da União Soviética automaticamente apanha a doença do Partido Comunista da União Soviética, é simplificar demais o comportamento humano. A ideologia não é uma doença, uma espécie de um sarampo que é transmissível. São opções completamente diferentes. Várias vezes, Amílcar Cabral viu-se confrontado com a pergunta: "Mas você é comunista ou é marxista-leninista?" Geralmente, respondia da seguinte forma: "Olha, o marxismo, ou a filosofia e o materialismo histórico, fornecem-me um quadro de pensamento, ajudam-me a pensar e a ver a realidade, mas isso não significa que nós sejamos um partido comunista, ou que eu seja marxista-leninista." Tratava-se e trata-se de uma ferramenta de análise e há dificuldade em ultrapassar isso, porquanto os preconceitos políticos são sentimentos perduráveis.

Agora, havia pessoas no PAIGC que eram marxistas-leninistas ou comunistas convictos, sim. Mas não era o pensamento dominante no partido. Por exemplo, pessoas como Vasco Cabral, que era convicto. Tinha sido militante do Partido Comunista Português, foi preso por causa disso. Era militante e dirigente do PAIGC, mas nunca exigiu do PAIGC que se transformasse em partido marxista-leninista. Surgiu aqui em Cabo Verde uma corrente de estudantes, geralmente gente que vinha das universidades portuguesas, onde havia naquela altura grande contestação política em que a extrema esquerda foi dominante. A extrema esquerda, não só a esquerda, esteve muito ativa no seio das universidades portuguesas. Antes do 25 de Abril já agiam, eram ativos, era uma outra expressão da crise política portuguesa. Entre os militantes do PAIGC, houve alguns que de facto eram militantes dos partidos esquerdistas em Portugal, mas isso não significava que se pudesse transformar o PAIGC num partido marxista-leninista e esquerdista. Nas vésperas da independência, eu me lembro de que, para antecipar isso, fiz uma reunião com a direção local do PAIGC em que abordei essa questão e expliquei por que considerava que não era recomendável pensar em instituir um partido marxista-leninista em Cabo Verde, ou um partido comunista em Cabo Verde, porque traria muitos inconvenientes. E as nossas opções teriam que ser diferentes.

Mas a questão é que as pessoas, quando adquirem certas rotinas mentais ou funcionam na base de chavões, ouvidos de terceiros, têm dificuldades em "mudar de *chip*". Mas o PAIGC nunca se definiu como marxista-leninista. Há tempos, fui entrevistado por um doutorando angolano, e a sua pergunta era mais ou menos essa: "Como conseguiu transformar o partido marxista-leninista num partido reformista?" Respondi-lhe que estava equivocado e que as suas premissas eram erradas. O Partido Africano da Independência de Cabo Verde (PAICV) nunca se assumiu como partido marxista-leninista e não podia ter havido a reforma a que se referiu. Veio para me entrevistar, mas a pensar no MPLA: se em Angola foi assim, em Cabo Verde é a mesma coisa... Verifica-se uma inércia semântica em muitas mentes. Vejamos: houve República Popular de Angola, houve República Popular de Moçambique, houve República Democrática de São Tomé e Príncipe. Mas não houve a República Popular de Cabo Verde, não houve a República Democrática de Cabo Verde, houve tão somente a República de Cabo Verde. Dá para ver as diferenças. Mesmo na Guiné, não houve uma República qualificada. Quem poderia ter a pretensão disso seria a Guiné, mas não houve. Quer dizer, essas opções dão para perceber as diferenças. Deve-se perceber que a influência do marxismo-leninismo, depois da II Guerra Mundial, foi grande, uma presença muito forte no seio da intelectualidade europeia. Não sei se aconteceu no Brasil, mas mesmo nos Estados Unidos da América lembram-se certamente da "caça às bruxas" feita nos meios intelectuais e artísticos, contra comunistas ou gente próxima dos comunistas, pelo chamado "macarthismo". A influência foi sobretudo intelectual. Todos nós somos influenciados e influenciamos também. Eu li livros de filosofia sobre o materialismo histórico, a luta de classes, a economia, fazia parte da minha formação política e das minhas buscas de resposta à colonização.

Em Cabo Verde, feita a transição, com a independência, fica sendo uma República de partido único. Talvez isso explique por que era visto como uma…

Partido único… Era o único partido que tinha pensado, proposto e lutado a sério pela independência! Subjacente à pergunta pode estar a ideia de que você ganha a independência, e a seguir vai entregar, ingenuamente, a direção do país a quem nunca se tinha interessado pela independência! Transferia, assim, a sua responsabilidade a terceiros!? Seria um autêntico absurdo, um contrassenso. Você ganha, sacrifica-se e no fim decide ingenuamente: "Em nome da democracia, entrego-te isso"? Isso não teria lógica, nem teria sentido político nem de história. Seria algo inédito. Seria a mesma coisa que os Estados Unidos, em nome da democracia, partilharem o poder com os colonialistas ingleses. Ou, depois de derrotar os sulistas, convidá-los para uma partilha de poder. Não! Não faria sentido. Seria uma ingenuidade nunca vista e uma espécie de devolução do poder aos herdeiros dos que se opunham à luta de libertação. A independência foi uma conquista árdua e não foi uma dádiva "democrática". Requeria e requer ser defendida por aqueles que se bateram por ela!

Esse é o sentimento de quem combateu pela independência, pela libertação? O senhor mencionou pessoas mesmo à esquerda no espectro político, mas que não haviam carregado armas? Era essa a origem desse sentimento?

Não, não é a questão de ter ou não participado na luta armada. É uma questão de legitimidade histórica. Há muita gente que hoje dá lições de moral, porém teria interesse em conhecer o seu percurso, o seu passado. É uma questão de legitimidade. Além do mais, seria bom clarificar se houve ou não houve gente que era contra a independência e aliada do poder colonial. Qual é o tratamento político que teria merecido? Não tem legitimidade para reclamar direito de partilha do poder em nome da democracia, sem, antes, demonstrar arrependimento pelo seu erro histórico. E o partido único é outro estereótipo importado, que tem sido muito explorado, usado contra a independência e os seus protagonistas, e que requer ser desconstruído. Não entendo o poder político como algo abandonado na rua à espera de que um "esperto e manhoso" o capture. Infelizmente, costuma acontecer assim. Uma pergunta implícita a se responder é: que regime político e que lideranças estavam em condições de assegurar a estabilidade política e a viabilização e sustentabilidade humanitária, alimentar, económica, financeira, ecológica, social e cultural de Cabo Verde quando o país se encontrava mergulhado, durante vários anos, numa crise global e sistémica profunda?

Houve outra novidade, que foi um mesmo partido e dois estados independentes: o PAIGC fica governando tanto Guiné-Bissau quanto Cabo Verde. É um arranjo novo, não se conhecia essa experiência.

Era uma experiência inédita e inovadora, cuja gestão era complexa e exigia muita coordenação. E a pergunta que se pode fazer é se o modelo, a forma como perspectivamos essa questão podia funcionar bem. Não era fácil. Teoricamente, muito bem, mas, na prática, como é que havia de funcionar melhor? Existiam diversos condicionalismos e obstáculos institucionais. Eram dois Estados soberanos e dois governos autónomos. Não se dispunha de uma instituição supranacional coordenadora e integradora. Seria o PAIGC a exercê-lo, porém não exerceu ou não pôde exercer esse papel. Pode estar aí a falha funcional.

Amílcar Cabral estava convencido de que devia haver essa unidade de luta entre Cabo Verde e Guiné-Bissau. O senhor concordava com a ideia por seguir a orientação do chefe, do líder, ou o senhor acreditava que esse era o melhor modelo naquela conjuntura?

A primeira questão é que nós éramos — e eu sou ainda — pan-africanistas. O nosso pensamento estava bastante marcado pelo pan-africanismo e pelo destino comum dos povos africanos. Essa opção tem subjacente o princípio pan-africanista de unidade, de solidariedade e de cooperação entre os africanos colonizados. Mas, por outro lado, era impossível para nós fazer uma luta "insulados" em Cabo Verde. Não dava, não oferecia perspectiva de sucesso. E o quadro que se nos apresentou como o mais viável, o mais provável de sucesso, foi o PAIGC sob a liderança de Amílcar Cabral. Tanto é verdade que chegamos à independência de Cabo Verde e chegamos à independência de Guiné. As coisas não correram de feição, após as independências, porque veio o golpe de estado de 14 de novembro na Guiné. O que é que estava mal? O que é que não estava a funcionar bem, no nosso projeto de um partido, líder de dois países e dois Estados? Cabe-nos ou, melhor, cabe aos historiadores aprofundar a sua análise e crítica. Vale a pena identificar quais teriam sido as omissões e as carências institucionais e pessoais.

O que o senhor acha que não funcionou?

Considero que não funcionou, convenientemente, a liderança binacional do partido, porque o PAIGC não exerceu o papel coordenador e integrador das políticas dos dois Estados. Contudo, estávamos imbuídos da ideia de trabalharmos nesse sentido, mas talvez pudéssemos fazer melhor. Podemos discutir se a gestão foi a melhor. Mas, em relação à libertação, não houvesse o PAIGC, Cabo Verde não seria livre nem existiria o Estado soberano da República de Cabo Verde. Disso, não tenho dúvidas! Isso é a minha convicção e eu considero que traduz a realidade. A estratégia da libertação funcionou, e bem. Não houvesse a Guiné-Bissau, não houvesse a proclamação do Estado soberano da Guiné-Bissau, não houvesse os recursos materiais e humanos do PAIGC, teríamos dificuldade de fazer uma luta vitoriosa em Cabo Verde e prosseguir com sucesso a construção do novo Estado soberano. Disso não há dúvida! Estou convencido disso. Quanto à segunda etapa do processo, temos de procurar as causas, ou seria uma fatalidade, não sei. Mas teríamos funcionado, trabalhado mal a realidade de um partido e dois países — dois Estados, dois governos, dois presidentes e dois primeiros-ministros. Talvez a liderança binacional do PAIGC tivesse que trabalhar melhor e promover a reflexão e o debate interno sobre o tema, teria que dispor de um organismo que facilitasse e apoiasse a sua ação nessa direção. Faltou-nos uma visão operativa funcional? Houve omissões. Falhamos...

8

Primeiro-ministro de Cabo Verde

"... um país impossível que viabilizamos"

Com a independência, Aristides Pereira fica como chefe de Estado e o senhor como chefe de governo.[43] *Esse arranjo foi tranquilo ou aventou-se outra possibilidade?*

Naquela altura, houve uma ideia inicial que não foi para a frente, de que Aristides Pereira não fosse o chefe de Estado de Cabo Verde, mas que fosse o secretário-geral do PAIGC, que se encarregaria da coordenação e interligação entre os dois países; enfim, da integração, da aproximação, da gestão política do processo de unidade. A proposta não foi aceita, e talvez não fosse praticável naquelas condições políticas concretas. Contudo, na situação em que ficamos em que o secretário-geral do PAIGC é presidente de Cabo Verde, e o secretário-geral adjunto, Luís Cabral, é presidente da Guiné-Bissau[44] não facilitou, a meu ver, o processo de unidade. O fato de ter dois presidentes da República com a mesma hierarquia institucional complicou mais a gestão da hierarquia partidária de subordinação. Essa era uma questão delicada e quase de

43. Logo após a independência de Cabo Verde, em 30 de junho de 1975 o Comandante Pedro Pires tornou-se deputado da Assembleia Nacional Popular. No dia 5 de julho ele foi eleito pela assembleia primeiro-ministro de Cabo Verde; 30 de junho foi a data das eleições. A independência foi a 5 de julho.

44. Luis Severino de Almeida Cabral (1931-2009) foi cofundador do PAIGC. Após o assassinato do irmão, Amílcar Cabral, foi eleito secretário-gral adjunto do PAIGC e eleito presidente do Conselho de Estado da República da Guiné-Bissau, a 24 de setembro de 1973.

impossível gestão. Não podia ser uma questão de hierarquias. Teria que ser de atitudes.

Não sei se deram conta de um detalhe da minha conversa, em que me referia às consequências psicológicas e físicas do rapto de Aristides Pereira, pelos assassinos de Amílcar Cabral, do mau trato a que tinha sido submetido, que poderia ter deixado nele alguma sequela de natureza psicológica ou em matéria de confiança nos nossos camaradas guineenses. Antes daqueles acontecimentos, poderia não ter. Pode ser que não se sentisse confortável em liderar os dois países e interferir nos assuntos internos da Guiné-Bissau. Considero que na verdade não se sentia confortável naquela função. Sentia-se muito mais confortável em Cabo Verde. Aristides Pereira abordou essa questão na entrevista biográfica que concedeu a José Vicente Lopes, em 2010, condensada no livro *Minha vida, nossa história*.

E o senhor, se sentia pronto para governar o novo país?

Nunca se está, não há preparação prévia de nada. Na vida, somos sempre surpreendidos. De modo que não podia saber se me sentia preparado. Uma coisa é se sentir preparado, outra é se me sentia motivado para vencer aquele desafio. Sentia-me altamente motivado para vencer aquele desafio. Agora, a ideia de preparação teórica, preparação em matéria de governo, é certo que não tínhamos. Tínhamos uma coisa grande que era motivação e vontade de aprender agindo, como tínhamos feito antes.

O senhor conhecia Cabo Verde de muito tempo antes, pois praticamente não havia vivido em Cabo Verde.

Tem razão.

Como foi... não reencontrar, mas quase que conhecer um novo país?

Voltei a Cabo Verde 18 anos depois de ter partido. Era um mundo diferente. Estive cerca de cinco anos em Portugal, depois fui para a luta na Guiné. Com efeito, não conhecia Cabo Verde do ponto de vista físico e prático. Mas Cabo Verde habitava em mim. Cabo Verde estava dentro de mim. Está claro que era um Cabo Verde mítico. Como toda pátria, era uma entidade imaginária e mítica. Eu vivia por ela e vivia com ela. Uma coisa é a preparação administrativa, técnica, tecnológica etc.; outra coisa é a motivação, a força anímica e psicológica e a confiança política. Possuía esses atributos subjetivos e políticos indispensáveis para desempenhar com sucesso aquele cargo. Isso sim, acho que estava preparado minimamente para realizar a missão. Não foi fácil, foi duro.

O desafio era grande. Primeiro, de convencer a todos que era um país viável, não?

O primeiro convencimento era dirigido a mim próprio. Convenci-me previamente da viabilidade e do triunfo da causa libertadora para me engajar no processo da luta pela libertação de Cabo Verde. Começou por aí a minha mudança, se podemos chamar, de percepção do meu país e da sua libertação. Também, a princípio, tive a percepção de que podia ser impossível. Mas, com as reflexões e discussões, interiorizei a ideia da possibilidade e viabilidade e assumi a sua materialização. Naquela altura, já tinha desfeito de todas as dúvidas que pudessem habitar-me sobre a viabilidade do nosso país como Estado soberano.

Então o senhor chega de volta a Cabo Verde, agora como primeiro-ministro, num país que, na prática, conhecia pouco.

Como eu disse, conhecia mal. Quando saí, em 1956, conhecia apenas seis ilhas, e somos 10 ilhas. Pode-se considerar que o meu conhecimento fosse limitado. Mas tinha-me relacionado com pessoas de todas as ilhas, o que era mais importante. Tinha uma vivência cabo-verdiana, na medida que tinha vivência da ilha do Fogo, tinha a vivência da cidade da Praia e tive a vivência também do Mindelo, onde encontrei jovens de todas as ilhas. De modo que tinha uma vivência cabo-verdiana, embora não conhecesse bem todo o país e não tivesse outras vivências do mundo rural e das outras ilhas. Havia essa limitação. Mas, na globalidade, beneficiava dessa vivência nacional e tinha uma visão nacional de Cabo Verde.

Está claro que a minha visão de Cabo Verde, tenho de a aceitar, era incompleta. O que encontrei de diferente no meu regresso? Passando pela ilha do Fogo, as secas, as crises, tinham dado cabo de boa parte da sua cobertura vegetal. Encontrei-a mais seca, com menos árvores, menos vegetação. Vivíamos também uma situação complicada. Havia uma situação visível de pobreza, de crise alimentar, não havia emprego; enfim, uma crise humanitária muito séria. As pessoas estavam francamente numa situação de crise grave e desconfiadas do seu futuro. Não posso dizer que estivessem totalmente desesperadas com isso, mas quando íamos pelo interior das ilhas, quando tínhamos contacto com as pessoas mais pobres, a impressão que tínhamos é que havia nos olhos das pessoas desconfiança, incerteza, muita interrogação: "O que seria isso?" Tinha acontecido o 25 de Abril, que de uma forma ou de outra desestruturou o poder instalado que conheciam. De modo que era normal que as pessoas tivessem dúvidas e receio. Só que, na lógica das coisas, pior do que estava, não podia ser. Então, estavam em condições de aceitar uma mudança que pudesse constituir uma alternativa e que pudesse contribuir para uma melhoria mínima das condições de vida. Fizemos muitas reuniões, muitas conversas, muitos discursos... Olhava às vezes para as pessoas para tentar compreender o seu íntimo: "O que estarão a pensar?"

A ideia com que fiquei era de uma situação social aflitiva, desgraçada mesmo. Mas, por outro lado, havia uma outra faixa da população, sobretudo os jovens, que estava entusiasmada com as mudanças, com as novas perspectivas que se abriam. A ideia da independência, a ideia da revolução apoderou-se do espírito da maioria dessas pessoas. Desejavam integrar-se nesse movimento político e na procura da garantia de melhores dias, de um futuro mais seguro. E o que estariam a pensar as pessoas mais velhas, que tinham uma outra visão da vida? Francamente, tenho dificuldade em saber quais eram suas dúvidas, mas certamente estariam convencidas de uma coisa: pior do que estava, não era possível. E assim abraçaram a alternativa e a esperança que representávamos, que a independência oferecia. De todo modo, os nossos militantes viviam no meio das pessoas e com as pessoas e agiam no sentido de as persuadir a confiar e a abraçar a causa comum da libertação do colonialismo.

O senhor havia passado a maior parte da sua vida com um objetivo claro, que era combater o colonialismo. Fez-se independente Cabo Verde, e agora não se tinha mais esse inimigo que, de alguma forma, dava clareza do que se devia fazer, para onde se deveria ir. O senhor tem agora que fazer uma mudança na situação que vê em Cabo Verde. Como se constrói essa mudança? Como se faz a transformação desse país num país viável?

Tive uma conversa com um dos meus camaradas mais jovens, que me perguntou: "Bom, o nosso inimigo direto já foi derrotado e já não temos inimigos; portanto, qual será a nossa próxima inspiração?" Disse-lhe: "Temos de inventar uma, os nossos novos inimigos são a pobreza e o atraso, e o nosso desafio é promover o desenvolvimento do nosso país." Foi o que fizemos.

O PAIGC assinou com o governo português o acordo que conduzia Cabo Verde à independência no dia 19 de dezembro de 1974, e estabeleceu-se um período de transição de dezembro de 1974 a 5 de julho de 1975. Durante esse período da transição, havia o alto-comissário, representante do Estado português, e instituiu-se o Estado não soberano de Cabo Verde e o governo de transição. O PAIGC participou nesse governo com três membros. Foi um período de tomada de contacto com a situação social crítica, de informação, de aprendizagem, de tomar o pulso dos graves problemas existentes. Na verdade, a situação era muito difícil, para não dizer catastrófica, uma situação verdadeiramente dramática. E havia que conceber e construir as soluções. Tínhamos alguma experiência de relações internacionais, utilizamos as nossas relações políticas da luta para obtenção de recursos. O próprio governo português, devemos ser justos, contribuiu na medida dos meios de que dispunha, para a resolução dos problemas mais graves e mais prementes durante aquele período de transição. E depois? Tínhamos chegado a um entendimento com o então ministro da Administração Territorial, dr. Almeida Santos, que nos possibilitou a concessão de um crédito não reembolsável para aquisição de bens de consumo produzidos em Portugal.

Durante a luta de libertação, o PAIGC tinha desenvolvido relações políticas e de colaboração com as diversas instituições da família da ONU. Aproveitamos e consolidamos as relações internacionais do PAIGC, desenvolvidas por Amílcar Cabral, para estabelecer entendimentos de cooperação com a Suécia, que continuou a apoiar o nosso país durante muito tempo; com a Holanda, aproveitando a presença da expressiva comunidade cabo-verdiana, que financiou um projeto de desenvolvimento agrícola em Santo Antão; com a França, que também fez o financiamento de projetos na ilha de São Nicolau, sobretudo de captação e utilização da água; com a Alemanha Federal, que financiou um projeto de desenvolvimento agrícola na ilha do Fogo; e obtivemos o apoio de vários outros países ou instituições desenvolvimentistas para o financiamento de projetos diversos. Desenvolvemos e consolidamos relações com as diversas organizações especializadas da família das Nações Unidas, como o PNUD, a UNICEF, a UNESCO, a FAO, o PAM (Programa Alimentar Mundial), que também intervinham nessa altura, especialmente, na África ocidental, onde tinha havido, na década de 1970 e, com grande incidência particular, em 1973, uma situação de estiagem prolongada e de crise humanitária e ecológica muito grave. Aproveitamos a receptividade das instituições intervenientes e trabalhamos com elas no sentido do financiamento de projetos profícuos orientados para a criação de emprego, a melhoria das condições de vida dos camponeses, a proteção de solos, o combate à erosão, o ordenamento rural, a mobilização da água e a construção de infraestruturas rodoviárias e hidráulicas, que apoiassem o processo de desenvolvimento.

Naquela altura, estava na agenda internacional o combate à fome e a prestação da ajuda alimentar às populações rurais famintas. As nossas populações se beneficiaram, para além do apoio do PAM, da ajuda alimentar de vários países — dos Estados Unidos, do Japão e dos países europeus e árabes. Nas nossas visões, estiveram sempre tácitas a promoção da autonomia e da responsabilidade das pessoas. Procurou-se afastar a postura caritativa de distribuição gratuita de bens alimentares e instituiu-se o mecanismo para a reciclagem da ajuda alimentar e sua transformação em recursos financeiros destinados ao financiamento de projetos úteis e ao pagamento de um salário. No centro das nossas solicitudes estavam o homem, a terra e a água. Diria que iniciamos por esta via a institucionalização de um "Estado social", à nossa medida.

Tenha-se em conta que o ponto de partida do Estado e da governação era muito complexo e extremamente difícil. Tínhamos herdado um Estado falido e uma sociedade pobre e confrontada com uma crise grave e múltipla: económica, financeira, humanitária, alimentar, social, ecológica e hídrica. Era a esse Estado social a quem se impunha garantir a viabilidade e a sustentabilidade da sociedade que se devia reerguer e oferecer perspectivas estáveis de um futuro de bem-estar.

E os países do bloco socialista ajudaram também? O senhor mencionou a Europa e os Estados Unidos, mas não mencionou Cuba, União Soviética...

Ajudaram muito pouco, em matéria de ajuda alimentar. Fizeram-no em outros domínios. "Desideologizamos" e universalizamos a nossa diplomacia. Fizemos uma diplomacia pragmática, descomplexada e dirigida a todos os horizontes e azimutes, buscando resultados práticos. Nesse aspecto, os nossos aliados mais próximos durante a luta de libertação não se mostravam tão ágeis e eficientes. Ou, talvez, não dispusessem de recursos e de mecanismos apropriados. Porém, o futuro não se resumia à mera preocupação com a sobrevivência material.

Daqueles países que mais nos apoiaram durante a luta de libertação, como União Soviética, Cuba, Iugoslávia, RDA e os demais países socialistas europeus, obtivemos apoios nas áreas em que estavam mais preparados e vocacionados: a assistência técnica, a assistência médica, a assistência militar e equipamentos militares, formação de quadros superiores, médios e profissionais. Do Brasil, por exemplo, começamos por aproveitar as suas capacidades de formação universitária e técnico-profissionais.

Um outro recurso sociodiplomático adicional que aproveitamos foi a presença de cabo-verdianos em países europeus e nos Estados Unidos. Trabalhamos muito, do ponto de vista diplomático, com os governos e as instituições privadas dos países onde estavam radicados os cabo-verdianos: Holanda, França, Suécia, Alemanha, Estados Unidos, Angola e outros, incluindo Portugal. Foi uma diplomacia que combinava a atividade pública com a iniciativa social e privada.

Ainda antes da independência, criou-se uma ONG, o Instituto Cabo-verdiano de Solidariedade (ICS), precisamente para o desenvolvimento e o aproveitamento das potencialidades das relações com as ONGs estrangeiras de interesse. O ICS desenvolveu um trabalho eficiente de mobilização de fundos para as áreas de assistência social, de proteção de crianças e de formação profissional. Fundou uma escola profissional de boa qualidade sediada em São Jorginho, uma localidade perto da cidade da Praia.

Para a transformação da ajuda pública em recursos financeiros e a melhora no desempenho de alguns serviços públicos, foram concebidas e criadas duas ferramentas. Ou melhor, transformamos os serviços ligados ao Estado em empresas públicas. Por exemplo, a Empresa Pública de Abastecimento (EMPA) era a entidade que comercializava os produtos da ajuda alimentar e outras doações, e o dinheiro gerado era depositado no Ministério das Finanças, no Fundo de Desenvolvimento Nacional (FND). Na área social, para compensar as dificuldades e equilibrar a situação social, essa empresa praticava a política do "preço único" em todo o território nacional. Tinha representações em todos os conselhos do país. Era uma forma de garantir a segurança alimentar, porque a fome habitava a nossa cabeça... Não sei se esse fantasma já saiu da nossa cabeça. A preocupação primeira era a segurança alimentar. Criaram-se todas as condições para garanti-la, evitando que houvesse situações de ruptura, de riscos de fome ou de carência de produtos alimentares. Mas o importante também aqui era o preço único praticado, que favorecia as populações mais afastadas dos centros urbanos principais. Mesmo no caso do material de construção, que a EMPA comercializava, praticou-se o preço único em todo o território nacional. O urbano, o citadino, compensava os custos que em princípio iriam recair sobre a economia mais fraca da população rural. Nós somos ilhas, e os custos do transporte marítimo eram suportados pelo preço único praticado. Por essa via, praticou-se um modelo de política social em que as populações mais favorecidas e urbanas amparavam as mais desfavorecidas e rurais.

Um outro recurso importante da viabilização e do funcionamento do Estado soberano consistia em garantir o exercício das funções de soberania: como solucionar as necessidades da segurança, da ordem pública e da defesa, quando não tínhamos dinheiro para isso? A resposta foi a criação de instituições sociais auxiliares de participação popular que pudessem contribuir para resolver os aspectos humanos e financeiros do problema. Trazíamos a experiência do PAIGC na Guiné. Criaram-se as "comissões de moradores" que geriam os pequenos conflitos interpessoais e locais. Instituíram-se os tribunais de pequenas causas a que chamamos "tribunais de zona". Outros chamavam-nos "tribunal popular", mas evitamos chamar de "popular" por causa das similitudes com outras experiências. Também os pequenos casos eram resolvidos na comunidade, e as pessoas residentes eram responsáveis por isso. Para coparticipar na garantia da segurança e defesa em todo o território, foram criadas as "milícias populares". Elas eram uma outra experiência da luta armada na Guiné que adaptamos àquela situação inicial de carência geral. Nos primeiros tempos, para garantir a segurança em todo o território, havia que criar uma instituição auxiliar das Forças Armadas e da polícia que respondesse às necessidades locais e fosse de natureza participativa, assentada no voluntariado. Era uma forma de desestimular qualquer veleidade de agressão vinda de fora.

Para superar as carências financeiras, valemo-nos dos "recursos subjetivos", dos sentimentos patrióticos e da forte vontade nacional de preservar a independência. Inventamos formas de não gastar, de poupar e de garantir a segurança. Era fundamental garantir a segurança pública, mas era também fundamental garantir a segurança no geral do país. Era importante que as pessoas sentissem que o país estava seguro, que o país estava defendido. Isso foi conseguido através da participação popular. Foi dessa forma inédita que se conseguiu garantir, inicialmente, a segurança e a defesa nacional. Sei que isso inibiu as tentações de desestabilização, porque tinham medo de enfrentar uma população armada.

Em matéria de política social, para evitar a especulação de preços, incentivou-se a criação de cooperativas de consumo. Elas compravam na EMPA e desenvolviam as suas atividades evitando que houvesse especulação de preços, que era normal naquelas circunstâncias. Elas funcionaram, mas depois de 1991 quase que desapareceram, porque houve uma certa incompreensão da sua natureza. Viam-se fantasmas por todo lado, viam o fantasma do comunismo por todo lado; deste modo, ficaram poucas. Restaram algumas cooperativas e federações de cooperativas que resistiram até hoje, creio que há uma em Santiago, não sei se está aqui na Praia ou em Santa Cruz. Há uma em São Filipe, creio que funciona até hoje. Ficaram poucas. Mas foram as formas encontradas para superar as dificuldades de abastecimento, fomentar a solidariedade social e tentar vencer a pobreza. Demos muita atenção à agricultura, à mobilização de água, à proteção do solo. Fizemos grandes diques para travar a erosão e facilitar a infiltração da água das chuvas; fizemos a arborização em todo o território nacional, construíram-se muretes para travar a erosão do solo. Era indispensável defender e proteger a terra, a água e o meio ambiente, em estado evidente de profunda degradação.

Nesses anos iniciais do país independente, como foram as relações com os países africanos de língua portuguesa? Mais ou menos na mesma altura, esses países também haviam se libertado do domínio colonial e estavam começando projetos de construção nacionais.

Criamos os Países Africanos de Língua Portuguesa (PALOP), uma organização que depois veio a esbater-se, após o surgimento da Comunidade dos Países de Língua Portuguesa (CPLP). Antes tinha havido a CONCP. Criamos o conceito "países africanos de língua oficial portuguesa", o Grupo dos 5. Durante bastante tempo tivemos uma excelente e eficiente coordenação das relações internacionais, da política externa. Havia reuniões ministeriais regulares. As situações foram-se mudando, depois surgiram outros problemas, outros desafios, por exemplo, as guerras civis em Angola e Moçambique e as agressões sul-africanas que obrigaram a adaptações. Está claro que tínhamos situações e sensibilidades diferentes, mas havia uma coordenação eficiente, uma interajuda política e diplomática. Cabo Verde beneficiou-se da ajuda material e financeira de Angola, por exemplo. Naqueles primeiros tempos da independência concederam-nos um crédito importante que nos possibilitou a resolução de algumas situações financeiras muito críticas. Foram muito solidários.

Recorremos ainda às instituições financeiras africanas, como o Banco Africano de Desenvolvimento (BAD) e ao Fundo Nigeriano. Referi-me antes à crise alimentar, económica, financeira, social, hídrica e ecológica que houve na África ocidental. Para ultrapassar aquela situação de crise grave, fez-se um trabalho frutuoso no quadro de uma instituição regional, que é o Comité Inter-Estados de Combate à Seca no Sahel (CILSS).[45] Mobilizaram-se meios importantes, criaram-se instituições de investigação nas áreas da climatologia, da agrometeorologia, da hidrologia, da agricultura em regiões áridas, da pastorícia e da desertificação, entre as quais se destaca o Centro Regional AGRYMET, com sede em Niamey, República do Níger, ligado aos estudos e previsões nos domínios meteorológicos e climáticos. Trata-se de uma instituição capacitada e eficiente, onde formam vários quadros nacionais da área. Como contrapartida e com o propósito de desenvolvimento

45. Comitê Interestadual Permanente para Controle de Secas no Sahel (CILSS) foi criado em 1973, após as secas que devastaram a região do Sahel nos anos 1970. O objetivo da instituição é combater a seca e a desertificação e proporcionar segurança alimentar para a população. Atualmente 13 países participam do Comitê: Benin, Costa do Marfim, Gâmbia, Guiné, Guiné-Bissau, Mauritânia, Senegal, Togo, Burkina Faso, Mali, Níger, Chade e Cabo Verde.

da investigação naquelas áreas, criou-se o Instituto de Investigação Agrária.[46] Com propósitos idênticos de investigação aplicada nas áreas de novas tecnologias e das energias renováveis, criou-se o Instituto Nacional de Investigação Tecnológica (INIT), o Centro Nacional do Artesanato, para investigação sobre essa atividade produtiva e cultural. Tentamos enquadrar o pouco que havia.

No campo do desenvolvimento socioeconómico, instituímos, nos primeiros tempos, os programas de emergência, que eram um meio de mobilização de recursos para atender às dificuldades internas urgentes. Numa segunda etapa, trabalhamos na elaboração do primeiro plano nacional de desenvolvimento, numa perspectiva de desenvolvimento económico equilibrado. Depois de ultrapassar as grandes dificuldades iniciais, começamos a pensar no desenvolvimento socioeconómico em médio prazo. A seguir, para facilitar a gestão coordenada da ajuda externa e da mobilização de recursos, foi criada a Secretaria de Estado do Plano e da Cooperação, que se encarregava da coordenação entre a mobilização dos recursos e sua aplicação em projetos económicos e sociais. Foram realizados projetos industriais, particularmente em São Vicente, para a produção de confecções, de sapatos, uma empresa de reparação naval. Foram as primeiras "sementeiras" para o desenvolvimento industrial, a partir de uma economia inexistente. Interveio-se no domínio do abastecimento dos combustíveis e do gás, do aproveitamento das potencialidades geoeconómicas do porto Grande e do aeroporto do Sal.

Quando se lê sobre esse período, fala-se muito de uma política pragmática, de um pragmatismo. O senhor aceita de bom grado essa caracterização da sua orientação como chefe de governo?

Pragmatismo realista ou realismo pragmático. O perspicaz político chinês que foi Deng Xiaoping, o dirigente principal das reformas económicas na República Popular da China, dizia que o mais importante não era a cor do gato, mas que caçasse ratos. Mesmo durante a luta

46. O Instituto Nacional de Investigação e Desenvolvimento Agrário (INIDA) é criado a partir do Instituto Nacional de Investigação Agrária (INIA).

armada, um dos elementos importantes dos princípios da nossa orientação era o realismo. Temos de estar cientes da realidade, porque às vezes a realidade é diferente daquilo que temos na nossa mente. Fazer um esforço de pôr de lado aquilo que temos na nossa cabeça e orientar-nos pela realidade concreta, por aquilo que existe de fato. Portanto, a nossa política era uma política realista no sentido da humildade, da discrição e de resultados. Já me referi que não se optou por qualquer qualificativo para singularizar o Estado de Cabo Verde soberano: a República de Cabo Verde. Trata-se, para qualquer analista político, de um sinal revelador importante de se registrar.

Mas havia no governo, também, pessoas que pensavam diferente. Ocorre, logo nos primeiros anos, uma disputa com os trotskistas, mais à esquerda.

Referi-me a isso quando me perguntaram se havia marxistas no PAIGC. Tratava-se de um grupo de jovens estudantes universitários que tinha perfilhado as teorias revolucionárias esquerdistas adquiridas nas universidades portuguesas, uma espécie de infantilismo revolucionário, para vir aplicar em Cabo Verde. Aquilo não funcionava e só complicava a gestão do país. Chegou-se a um ponto de ruptura e a liderança do PAIGC foi forçada a afastá-los. Estava evidente que era impossível gerir um país e não ter em conta a realidade e os seus enormes constrangimentos e ousar pensar em soluções fantasistas, o que não dava. O paradoxal é que, hoje, são quase todos empresários, uns com algum sucesso e outros não tanto.

Mas chegou a haver alguma tentativa de golpe?

Não, não vi nisso uma tentativa de golpe de Estado, não tinham força para tanto. Não estavam sendo nem honestos nem leais; tinham um comportamento dúbio e funcionavam numa espécie de organização paralela, no modelo centrista, que falava mal do governo e dos dirigentes em função e fazia a sua autopromoção. Eram jovens arrogantes que julgavam que eram os melhores e os mais qualificados. Enfim, uns verdadeiros narcisistas.

Quer dizer, viam-se como mais qualificados do que os que não tinham educação superior? Os combatentes eram vistos como mais conservadores por essas pessoas?

Conservadores? Não sei, francamente. Eu já vi muitas mudanças nos seus percursos de vida. Uns que eram muito revolucionários viraram conservadores, depois viraram empresários, depois viraram qualquer outra coisa... Isso aí não tinha a ver com o nosso conservadorismo. Falamos do pragmatismo, do realismo. Se nós recebíamos ajuda, apoio do governo norte-americano, não podíamos fazer campanha contra o governo norte-americano, isso seria incoerente e um suicídio. Se recebíamos apoio do governo francês, do governo sueco ou outro qualquer, não podíamos fazer a campanha de uma pseudorrevolução à custa das doações dos outros. Não há revolução nenhuma nisso. Você vai é trabalhar; a revolução significa a resolução dos problemas do nosso país. Tivemos que explicar isso às pessoas: aqui não há revolução socialista. Era uma questão de coerência, de honestidade intelectual e de realismo político.

Outra coisa que tive de explicar: a problemática das expropriações. O que havia em abundância no país eram a pobreza e a miséria; não havia como expropriá-las e redistribuí-las. Expliquei que o que se podia considerar como riqueza no nosso país era materialmente insignificante. Logo, não havia lugar para expropriações, para revoluções. Queriam expropriar esse ou aquele, mas nós não fomos nessa direção; pessoalmente, não fui nessa direção. Tinham uma visão — como é que se pode chamar isso? — infantil e imprudente, aventureira, que estava em contradição frontal com a realidade e a possibilidade de se realizar. Até hoje, defendo a ideia prudente e judiciosa de que é preciso compreender uma matéria antes de aprová-la ou rejeitá-la.

Após a independência, há um retorno de cabo-verdianos que estavam dispersos pelo mundo para Cabo Verde?

A presença dos cabo-verdianos no exterior... Foram lá buscar emprego, uma vida diferente daquela que conseguiam realizar no seu país. Portanto, não se punha a questão do regresso imediato dos cabo-verdianos. Houve alguma conversa irrealista e leviana sobre o regresso imediato dos emigrantes: desfiz frontalmente essa fantasia com argumentos muito fortes. Por outro lado, houve um regresso seletivo de quadros que residiam no exterior ou que estavam nas outras colónias. A prioridade era viabilizar o país, e não trazer pessoas de fora para complicar mais a situação de desemprego. Não era nossa prioridade. Falei do pragmatismo, do realismo, pois tínhamos plena consciência das nossas limitações. Num país pequeno como Cabo Verde, fragmentado, a margem de manobra é mínima; portanto não se podia dar ao luxo de tomar decisões irrefletidas e erradas; corria-se o risco de tudo ficar comprometido caso adotássemos um certo discurso descontextualizado e irresponsável. Pensamos sempre nas consequências das nossas palavras e dos nossos atos. Reservamo-nos para situações mais complicadas.

Por exemplo: em matéria de relações internacionais, quando Moçambique decidiu restabelecer relações diplomáticas com os Estados Unidos da América, o representante dos interesses de Moçambique em Washington estava instalado em nossa embaixada, o embaixador Ferrão. Isso dá a ideia do nosso equilíbrio e sentido de utilidade. Quando estivemos a discutir com os portugueses aqui, depois da independência, discutíamos a questão dos recursos, dos bens que podiam pertencer a este ou aquele, estivemos a discutir a problemática do Banco Central e dos bancos comerciais. Da Guiné, de Luís Cabral, veio o seguinte recado: "Façam tudo para chegar a um entendimento, evitem rupturas." Por quê? Eles tinham cometido o erro de um certo radicalismo e não houve um entendimento razoável que tivesse em conta os interesses de uns e de outros naquela matéria. Tínhamos a plena consciência das nossas fraquezas e limitações. A nossa visão não era de provocar rupturas; era, ao contrário, de estabelecer pontes. Fizemos o nosso melhor para manter relações saudáveis e frutuosas com Portugal e estabelecer pontes com a sociedade portuguesa, apesar das nossas grandes mágoas.

Reservamo-nos a possibilidade de, em caso de necessidade, fazer a mediação diplomática entre as entidades em conflito. Assim aconteceu, por exemplo, para a melhoria das relações entre Portugal e Angola, entre Angola e Senegal. Procuramos evitar, em matéria de política externa, a provocação de rupturas ou de tensões políticas. Buscamos desempenhar o papel de facilitador e de apaziguamento de relações. Nós "inventamos" o conceito de "país diplomaticamente útil". País que pode prestar uma contribuição facilitando a resolução de conflitos ou facilitando a normalização de relações entre os Estados. Enquanto país pequeno, tínhamos que ver em que matéria estávamos em condições de prestar serviço útil aos outros. Queríamos retribuir aos nossos parceiros, pela via da prestabilidade, os apoios que nos tinham prestado. Não queríamos ser um simples receptor e beneficiário.

Acrescentaria duas anotações em matéria de relações internacionais. O primeiro aspecto, tivemos sempre a consciência da nossa pequenez e insignificância física. Seria ridículo e motivo de troça se um pequeno país como Cabo Verde se assumisse como um grande país, à moda da fábula da rã que queria ser boi. Ninguém nos levaria a sério. Assumimos a humildade da nossa insignificância material e da nossa pequenez. Um outro aspecto que tivemos que apreciar e ultrapassar foi o risco de que nos transformássemos em mais um pedinte internacional. O pedinte está numa situação de fragilidade; o pedinte não pode exigir nada. Quisemos mudar essa condição, para que fôssemos um país útil, um país que preste, um país que trabalha pela paz, um país que trabalha pelo entendimento internacional. Quer dizer, fizemos esforço para ultrapassar a condição depreciativa de "mais um pedinte" e transformarmo-nos num país útil, num país que sabe o que quer, num país diligente, que presta contas, num país que apresenta resultados. Ou seja, mudar a visão corrente da cooperação internacional em que os mais pobres eram vistos como meros assistidos e pedintes. Mas esta atitude digna vinha do passado, pois o próprio PAIGC jamais quis ser "mais um", quis ser ele mesmo, com visão própria, com personalidade própria. Foi precisamente essa orientação ética que nos inspirou na elaboração e condução da nossa política externa. Pessoalmente, tem-me acompanhado sempre, como valor indeclinável de conduta pessoal, o sentido de dignidade.

Nesses primeiros anos, continuou a política de unidade entre Cabo Verde e Guiné-Bissau. Quer dizer, o partido mantinha a orientação da unidade na luta, até que ocorreu o golpe de Estado em 1980, dado pelo Nino Vieira. Como o senhor acompanhou a situação em Guiné?

Para ser honesto, nós tínhamos a percepção de que havia algum mal-estar em Guiné. Houve uma reunião da direção do PAIGC, aqui na Praia, creio que era do seu Comité Executivo de Luta (CEL), em que se manifestou esse mal-estar. No final, recomendou-se que através do diálogo interno se ultrapassasse aquilo que se considerou "pequenos conflitos interpessoais". Havia percepções diferentes da vida levada pelos dirigentes e da política no seio do partido. O segundo aspecto: quando aconteceu aquele golpe de Estado, não estávamos preparados mentalmente para o receber. Surpreendeu-nos, de certa forma. Mas há um fato que nos chocou mais: as justificações. Disseram que o Luís Cabral era "criminoso", que fez isso e mais aquilo... Discordei. No meu ponto de vista, se alguém fosse responsável pelos erros e excessos cometidos na Guiné, em determinados casos, havia gente com maior responsabilidade direta na sua prática que o presidente Luís Cabral e, porventura, o próprio Nino Vieira teria alguma responsabilidade.

Ele ficou preso mais de um ano e depois foi para o exílio em Cuba, não?

Esteve preso; depois, com a diligência do governo cubano e por pressões internacionais, foi libertado e transferido a Cuba, onde passou a residir temporariamente. Mais tarde, veio para Cabo Verde, onde residiu durante algum tempo. Mas o que eu estava a dizer é que as justificações nos chocaram, porque nos pareceram com o discurso do Spínola, da "Guiné Melhor", de insultos e acusações desonestas aos cabo-verdianos. Não digo que tenha sido Nino Vieira a alimentar, pessoalmente, esse discurso, mas o certo é que foi veiculado o "discurso" de acusações falsas desonestas contra a unidade Guiné-Cabo Verde e contra os cabo-verdianos, para justificar o golpe de Estado e o afastamento de Luís Cabral.[47]

Esse discurso é o que tinha a ver com a diferença entre os cabo-verdianos e os guineenses?

As palavras não se evaporam. Mantêm-se na nossa memória. O discurso afirmava que os cabo-verdianos gozavam de privilégios. Até chegou-se a afirmar que os cabo-verdianos, logo, o governo cabo-verdiano, aproveitavam a seu favor de recursos da Guiné-Bissau transferindo-os fraudulentamente para Cabo Verde — a questão da madeira, a questão da pesca —, o que nunca aconteceu. Igualmente, atribuíam-se culpas e responsabilidades a Luís Cabral por crimes ocorridos, apresentando-o como um grande criminoso, e os cabo-verdianos como seus cúmplices. Face aos fatos, concluímos que as coisas tinham ultrapassado o limite do aceitável e o que estava a se passar era uma ofensa muito grave. Assim, decidimos pela ruptura clara e radical, por uma questão de verdade histórica e de dignidade. A ala cabo-verdiana do PAIGC transformou-se no Partido Africano da Independência de Cabo Verde (PAICV). Procuramos caminhar autonomamente. Assumimos a responsabilidade que nos cabia.

O que aconteceu numa dada altura? Por exemplo, a Guiné-Bissau teve um problema de falta de combustível e Cabo Verde, com seus poucos recursos, ofereceu combustível ao governo da Guiné para assegurar a produção da energia que servia a capital. Tínhamos criado uma empresa comum de transportes marítimos, a NAGUICAV, mas a Guiné não tinha entrado com a sua quota-parte do capital, e propalaram que o financiamento era deles, o que era falso.

Fizemos uma reunião alargada do Conselho Nacional do PAIGC/Cabo Verde, no mês de janeiro de 1981, para a análise da situação decorrente daquele golpe de Estado em que foram debatidos os factos,

47. O Governo de Cabo Verde, pelo reconhecimento da importante contribuição de Luís Cabral na luta de libertação dos dois países, atribuiu-lhe uma pensão vitalícia, que foi revertida a favor da sua viúva.

os acontecimentos, as suas consequências, os pronunciamentos e os discursos proferidos, e chegou-se à conclusão unânime de que não era correto nem razoável prosseguir com o projeto PAIGC e o seu corolário, a unidade. Devíamos fazer a separação. Considero que foi uma decisão acertada, corajosa e apoiada pela maioria dos militantes e dos cabo-verdianos. Até foi apreciada com satisfação por alguns céticos; aqueles que duvidavam da unidade sentiram-se confortados. Alguns manifestaram-me o seu agrado pelas minhas tomadas de posição claras e frontais.

Olhando retrospectivamente para Amílcar Cabral e a "unidade na luta", o senhor acha que foi correta essa orientação de tentar criar dois países sob uma mesma unidade?

Já reiterei isso: como estratégia de luta, muito correta e eficaz. Fora do quadro da estratégia da unidade, não haveria independência em Cabo Verde. O Cabo Verde que existe hoje não existiria. Disso, não me resta qualquer dúvida. Igualmente, não havia outra liderança que pudesse substituir a liderança de Amílcar Cabral. Não havia! Sabe, Amílcar Cabral nasceu na Guiné, passou a primeira parte da sua infância na Guiné, mas fez-se homem em Cabo Verde. Fez a instrução primária e o liceu aqui, esteve empregado, também. Foi desportista e fez a sua vida social da juventude aqui. Tinha uma vivência genuinamente cabo-verdiana. Nunca reclamamos o seu pertencimento exclusivo, até porque era, sobretudo, um africano e pan-africanista e estaríamos a traí-lo. O que se pretende é descobrir os contextos sociais que teriam influenciado o surgimento e a formação da sua forte personalidade. Era estudante brilhante no liceu em São Vicente, um jovem muito sociável e perspectivava-se como o jovem patriota generoso e promissor que havia de conduzir ou de chegar ao ponto em que chegou como líder político. Por fim, do meu ponto de vista, não existia uma via alternativa para a conquista da nossa independência; era essa a mais correta e mais eficiente e dispunha da liderança capaz de realizar os fins ambicionados. E foi o que aconteceu! Hoje, pode-se falar muito, até discordar, mas uma pessoa honesta e realista tirará as mesmas conclusões que estou a tirar. A não ser que essa pessoa não quisesse ser independente, que desejasse um caminho diferente e preferisse continuar na condição de colonizado, política, social e culturalmente dependente.

O senhor acha que após o assassinato, a perda de Amílcar Cabral, esse projeto de unidade na luta não teve tanto futuro por causa da liderança dele que se perdeu?

Vamos ter que ser, de novo, realistas: querendo ou não, há um facto que não podia deixar de ter impactos e efeitos de diversa natureza. Assassinar Amílcar Cabral tinha que provocar, de uma forma ou de outra, em muitas pessoas, um certo sentimento de rancor, de insegurança, de desconfiança e dúvida. Podia-se pensar o seguinte: "Mas quem mata Cabral, o que não faz para além disso?" Considero que mexeu com o fator confiança, sobretudo com o fator confiança absoluta de que estamos possuídos. Agora, uma dúvida que as pessoas podem colocar: "Mas quando assassinaram Cabral, com o argumento da 'antiunidade', por que vocês continuaram lá?" A pergunta mais correta seria: "Mas o que ficaram fazendo lá?" Esse é outro aspecto da questão. Falo por mim. Decidi ficar, não me ocorreu qualquer outra atitude. Estava ciente das razões efetivas do assassinato do nosso líder. Provavelmente, no meio de nossos camaradas de Cabo Verde, algum pudesse ter pensado nisso. É uma dúvida! Lembro-me de que um deles, o Afonso Gomes, já falecido e meu companheiro em Dakar, em Cuba e em Guiné, que naquela altura estaria na Marinha, foi me encontrar, após os funerais, e disse-me mais ou menos o seguinte: "Nós, entenda-se os cabo-verdianos, estamos à tua espera, o que decidires, a gente faz. Portanto, se decides ficar, ficamos; se decides sair, saímos." Então, a questão seria essa: por que decidimos continuar no e com o PAIGC?

Por que ficaram?

Precisamente por causa do compromisso e do sacrifício de Amílcar Cabral, por causa do compromisso assumido com a Guiné e com Cabo

Verde, por isso mesmo é que decidimos continuar a lutar no PAIGC e com o PAIGC. Foi por uma questão de coerência política e de sentido de história. Queríamos ganhar aquela guerra. A esse propósito, lembro-me de uma conversa que tive com um líder religioso que era uma espécie de "assistente moral" dos combatentes do PAIGC no sul de Guiné. Chamava-se Sekoná Bayo. Teve uma conversa íntima e séria comigo e com um outro cabo-verdiano, o Antero Alfama. Estávamos em Kandiafara, na nossa base. Queria comunicar-nos quais eram as informações que tinha e quais as pessoas que podiam estar implicadas e as pessoas que não estavam implicadas no assassinato. O que ele nos disse, no fim? "Bom, vocês não se vão embora, peço-vos, o vosso lugar é aqui, esta terra é também vossa!" E ele era um líder religioso. Então, entenda-se com isso até onde tinha chegado e penetrado a ideia da luta comum da Guiné e de Cabo Verde. Não era nenhum intelectual formado em Coimbra ou algures, era um líder religioso, era um patriota, com quem convivi durante muito tempo, a quem apoiei também bastante em suas atividades. E mais: há mais de 15 mil guineenses que residem e trabalham em Cabo Verde, muitos adquiriram a nacionalidade cabo-verdiana. Como é que se explica isso? Se nós, os líderes políticos, falhamos, isso é outra coisa. Mas a ideia fez e continua fazendo o seu caminho.

Retornando a Cabo Verde: no final dos anos 1980, o cenário global começa a se transformar, o que vai levar à dissolução da União Soviética. Em Cabo Verde, há um processo de transformação política que vai levar às eleições, ao fim do sistema de partido único.

Não, vamos ver as coisas pelo começo. Antes de avançar, eu queria chamar a atenção para a problemática da viabilização e da sustentabilidade do país, de duas formas. Em 1977, dois anos após a independência, tivemos uma seca terrível. Não choveu mesmo nada. Colocou-se o problema: como resolver isso? Nunca tinha visto e vivido coisa semelhante! Conseguimos ultrapassar aquela situação de calamidade quando estávamos a dar os primeiros passos como país independente.

Foram provas de capacidade, de engajamento político e de compromisso indefectível com o povo cabo-verdiano, a que fomos submetidos e que superamos com êxito. Um segundo aspecto, no rascunho do relatório da primeira missão do Banco Mundial ao nosso país constatava mais ou menos: "Este país é impossível." Foi este país impossível que viabilizamos, cuja existência possibilitamos. Talvez, muita gente beneficiada por aquele trabalho invulgar não se tenha dado conta disso e nem dado o seu verdadeiro valor a essa obra colossal. O que é, por vezes, frustrante. Alguém teria escrito que "a gratidão não faz parte das virtudes humanas". Nos anos 1980, quando tinham passado os primeiros cinco anos da independência, comemoramos a data com muita pompa. O melhor espaço desportivo da Praia, o gimnodesportivo, foi construído por ocasião do quinto aniversário. Construíram-se outros espaços simbólicos, como o parque Cinco de Julho, que foi descaracterizado por negligência e ausência de memória.

Mas voltando: naquele momento tínhamos iniciado a pensar o desenvolvimento e a trabalhar o primeiro plano e a seguir o segundo plano. Ao debater a preparação dos planos, ao debater a política econômica, chegamos à conclusão muito simples e óbvia: os recursos internos eram insuficientes para promover o desenvolvimento do país e a Ajuda Pública ao Desenvolvimento (APD) também era insuficiente e bastante condicionada. O mais lógico era que tivéssemos que repensar a nossa economia e o seu desenvolvimento. E optou-se por aquilo a que se chamou na altura a "extroversão da economia", ou seja, a abertura da economia ao exterior e ao investimento estrangeiro. Ao debater a extroversão da economia, portanto uma nova política económica, chegamos também à conclusão de que era indispensável fazer a revisão da Constituição Económica, que impunha a reserva de certos setores da economia ao Estado. Portanto, decidimos mudar o modelo económico e abrir mais ao investimento privado nacional e estrangeiro. Durante os debates na assembleia, aquilo que tinha proposto enquanto chefe de governo não triunfou completamente. Não vou fazer mais referências, porquanto havia, no nosso seio, uns mais conservadores ou mais socialistas, outros mais reformistas, se quiser.

O certo é que não aceitaram totalmente as propostas do governo. Contudo, foi feita a revisão da Constituição Económica e a abertura da economia, e começamos a trabalhar na implementação da abertura da economia e a trabalhar na perspectiva da privatização de algumas pequenas empresas públicas. Portanto, no âmbito da reforma do sistema, no geral, iniciamos pela reforma económica. É a partir da reforma económica que vem a necessidade da reforma política. A reforma política não antecedeu, nem podia anteceder, a reforma económica; geralmente, a reforma económica gera as condições para o surgimento da reforma política.

Como exemplo de reforma, o próprio PAICV é oriundo de um movimento político-armado de libertação, que não era um partido político no sentido clássico. Fomos nós que criamos o novo partido, ou melhor, transformamos o movimento de libertação em partido clássico. À medida que esse partido ia desenvolvendo, sincronicamente íamos consolidando e aperfeiçoando as suas estruturas e aumentando o grau o grau de democracia interna. Então, trabalhamos e reformamos a economia, trabalhamos e reformamos o partido dirigente e ficou a questão mais complexa e sensível, que seria a reforma das instituições políticas.

Nós não somos um derivado da queda do muro de Berlim nem somos um derivado da Perestroika, não. Somos um processo essencialmente endógeno. Enfim, estou explicando isso porque as pessoas, mesmo os analistas, desprezam as nossas capacidades e visão e atribuem as nossas decisões a fatores externos e ao seguimento e à cópia do que teria acontecido ou sido suscitado por americanos ou por europeus, enfim, pelos ocidentais. Trata-se de um preconceito característico do pensamento dominante ocidental. Enquanto discípulos de Amílcar Cabral, temos a ousadia e a vaidade de pretender pensar pelas nossas cabeças. As reformas feitas no nosso país foram um produto essencialmente nacional. Está claro, a mudança do contexto internacional obriga-nos a repensar as nossas posições e atitudes internas e externas. Na política, há uma interação entre o individual e o coletivo. Estou a falar da minha reflexão pessoal. Estávamos em preparação das eleições e estávamos, precisamente, a discutir a abertura política, a participação do grupo de cidadãos, e não de partidos políticos, nas eleições. Tivemos uma série de debates e havia militantes mais jovens, gente que não entendia a necessidade de guardar a condução do processo e que pensava que as pessoas que vieram da luta armada "estavam muito apegadas ao poder". Eu disse: "Não, não é assim." Depois desses debates, pensei comigo: "Se é assim, vamos fazer uma abertura completa desde já." Como previsto, fizemos uma reunião do Conselho Nacional no mês de fevereiro, concretamente em 19 de fevereiro de 1990. Dos debates daquele Conselho Nacional do PAICV saiu a decisão da abertura política e da revisão da Constituição de 1980. Face à insegurança e às reservas de alguns membros da direção, assumi a liderança do processo da abertura política. Tenho o texto da conferência de imprensa que eu dei na altura. De uma forma resumida as coisas começaram assim.

Quem teria tido o papel mais ativo para que se avançasse com a reforma política, isso não rejeito que fui eu. Não reclamo nenhum protagonismo especial. Mas, se estou a falar disso é para refutar a atitude preconceituosa de que os africanos são comandados do exterior, particularmente pelas antigas metrópoles coloniais; não teríamos vontade própria; não teríamos iniciativa própria nem pensamento próprio. Não! Quanto à minha geração política, nós éramos e continuamos ciosos da nossa autonomia de pensamento, inspirados no legado político de Amílcar Cabral.

Pessoalmente, vinha observando os fins de carreira política pouco dignos de alguns ilustres combatentes e fundadores dos Estados soberanos africanos. Procuramos tirar ensinamentos dessas situações anómalas. Por exemplo a situação na Tunísia, quando do fim de carreira do presidente Habib Bourguiba.[48] Era um homem extraordinário, mas com o avançar da idade viria a ser escandalosamente manipulado pelo seu círculo familiar mais próximo. Houve uma si-

48. Habib ibn Ali Bourguiba (1903-2000) foi uma das lideranças no processo de independência da Tunísia. Foi o primeiro presidente do país de 1957 até 1987.

tuação bastante semelhante na Costa do Marfim, com o presidente Houphouet Boigny.[49] Com a idade, as pessoas ficam mais frágeis e influenciáveis, oferecendo a oportunidade a que sejam aproveitadas por oportunistas pertencentes aos círculos de poder à sua volta. Refleti bastante sobre este assunto. Então, a lição é saber sair a tempo do poder e aprender a viver fora do poder, o que requer bastante lucidez e humildade pessoal. Um dos exemplos evidentes do quanto essa obstinação é errada aconteceu recentemente com o presidente Abdelazis Bouteflika, na Argélia, com quem me relacionei bastante e por quem tinha respeito e simpatia.[50] Além do mais, a problemática do fim da vida política é complicada, merece ser precavida. Inclusive, o grande Mao Tsé-Tung não conseguiu livrar-se das teias dessa armadilha. Houve também atitudes exemplares no mundo da política africana. Temos os exemplos do presidente Senghor, do presidente Julius Nyerere e do presidente Nelson Mandela. Tem havido mais exemplos a valorizar.

No âmbito da chamada democratização dos regimes políticos africanos, houve um episódio que para mim é incompreensível. Refiro-me à reunião entre França e os países francófonos, em La Baule, durante a qual o presidente François Mitterrand não recomendou, mas exigiu dos líderes africanos que democratizassem os seus regimes, enquanto condicionalidade para se beneficiarem do apoio económico francês.[51] Discordo frontalmente das atitudes de uns e de outros, pois devemos ter uma visão própria do nosso futuro. A decisão das reformas

---

49. Félix Houphouët-Boigny (1905-1993) nasceu na Costa do Marfim. Nesse país, durante a década de 1950, propagou ideias a favor da independência da colônia francesa. Então, em 1960, o país votou a favor da emancipação. Nesse mesmo ano, se tornou o primeiro presidente da Costa do Marfim.

50. Abdelaziz Bouteflika (n. 1937) participou ativamente da Frente de Libertação Nacional da Argélia, em prol da independência do país, conquistada em 1962. Em 1963, assumiu o cargo de ministro das Relações Exteriores. Após seis anos no exílio (1981-1987), Boutefika voltou ao país e saiu vitorioso nas eleições de 1999, tornando-se presidente do país até 2019.

51. Em junho de 1990, aconteceu a Cimeira Franco-Africana em La Baule. O então presidente da França, François Mitterand, propõe ajuda econômica aos países presentes, porém dependente do processo de democratização de cada país.

realizadas no nosso país foi, essencialmente, uma decisão do PAIGC e da sua liderança. As reformas envolveram outros sectores e outras instituições em que houve igualmente incompreensões, algumas de natureza ideológica.

Havia outros fatores que também me levaram a defender aquela posição. Antes, quando fizemos a revisão da Constituição Económica, quisemos fazer algumas mudanças suplementares, como a reforma da Lei do Trabalho. Quando levamos o projeto de lei ao Parlamento, não passou, porque havia sindicalistas que eram deputados e que tinham visão moralista das relações sociais. Também, alguns parlamentares quiseram ser oposição ao governo. Se a proposta do governo tivesse passado facilitaria o desenvolvimento das pequenas e microempresas. Evitariam muitos bloqueios que vinham dificultando a regulação das relações de trabalho. Mas o nosso projeto de lei foi altamente mudado, descaracterizado no Parlamento, pois muitos dos deputados não entendiam a complexidade do mundo do trabalho numa pequena economia e as mudanças em curso no mundo económico. Por fim, fizemos algumas mudanças importantes no âmbito das relações de "tutela" do PAICV com as chamadas organizações de massas: o Sindicato, UNTC-S, a Juventude Amílcar Cabral (JAC) e a Organização das Mulheres de Cabo Vede (OMCV). Passaram a gozar de completa autonomia. Está claro que tive um papel importante nisso. Teria sido o líder? A verdade é que fui um dos participantes mais ativos do processo da reforma do sistema político.

Para se ficar com uma ideia do sistema político nacional e do seu prestígio no estrangeiro, em 1986 fui ao XXVII Congresso do Partido Comunista da União Soviética (PCUS) durante o qual Mikhail Gorbatchev tinha consolidado a sua posição de líder do partido e das reformas políticas em curso. Durante a minha permanência, pedi para visitar algumas empresas a fim de tomar contacto com as mudanças que estavam sendo feitas no âmbito da mudança do modelo de gestão das empresas estatais. Modestamente, aquelas mudanças não me convenceram, sobretudo quanto à problemática do estabelecimento dos preços. Esses processos têm sido sempre complexos. Fui convidado para fazer a minha intervenção numa das empresas em mudança de gestão. Não estou em condições de recordar, hoje, os termos daquela intervenção, que foi escrita. Contudo, tenho bem presentes, pela sua estranheza, quando me pediram para receber o líder do partido no poder no Afeganistão, Mohammad Najibullah.[52] Veio a ser presidente daquele país e, alguns anos depois, foi assassinado pelos talibãs. Fiquei intrigado com a proposta e quis saber a razão do encontro. Aceitei-o, como não podia deixar de ser. Era bastante jovem e muito simpático. Na introdução à nossa conversa, achei por bem e por lealdade esclarecer-lhe que não éramos um partido comunista nem um regime comunista. Respondeu-me: "É precisamente por isso que eu quero falar consigo." Não me lembro bem do teor da nossa conversa. Foi há muito tempo. Contudo, como de costume, fui franco e leal e prestei-lhe todas as informações e dados que me solicitou, quer da política interna, quer política externa. Alguns anos depois, soube do seu assassinato pelos talibãs, o que me causou muita pena. Se me refiro a esse episódio é para dar uma ideia do prestígio internacional das políticas que vínhamos fazendo no nosso país.

52. Mohammad Najibullah (1947-1996) médico, oficial militar, foi presidente do Afeganistão de 1986 até 1992.

9

A difícil derrota

"Fui derrotado, mas não perdi a paciência nem a esperança"

No início de 1991 acontecem as eleições, e vence o Movimento pela Democracia (MpD). O resultado foi uma surpresa para o senhor?

Eu pensei que podia perder, mas daquela forma, nunca pensei. Para análise de carácter histórico, tem interesse em ver o contexto em que aconteceu e as "armas" perversas utilizadas e as alianças que se teceram à volta daquelas eleições. Nós ficamos na situação de isolados contra uma aliança de todos os "contras" e revanchistas de toda natureza, nacionais e estrangeiros. Se quiser saber o porquê, torna-se necessário analisar em primeiro lugar a natureza da campanha eleitoral feita. Uma campanha eleitoral centrada essencialmente contra a minha pessoa, um verdadeiro assassinato político, transformando-me num delinquente, num ladrão, num criminoso e num impostor. Suportei essa campanha perversa, destrutiva, do vale-tudo, e enganosa; sabia que eram calúnias e mentiras urdidas com fins políticos, porquanto durante toda a minha ação de militância política procurei ser honesto, solidário, leal e respeitador dos bens públicos e fiz muitas renúncias pessoais para assegurar a viabilização da luta e do Estado de Cabo Verde. Continuo à espera de que os seus autores reconheçam a sua perversidade e falsidade e me apresentem o pedido de desculpas. Propalaram que tinha roubado, que tinha uma fortuna depositada no estrangeiro, e as paredes da cidade da Praia estavam cheias de inscrições ofensivas à minha honra e bom nome;

circulava todo tipo de boatos e de falsidades em relação à minha pessoa e à minha família.

A população cabo-verdiana revelou-se, naquelas eleições, muito crédula nos boatos, os mais absurdos, e ávida de intrigas. Diziam a meu respeito: "Você roubou o nosso dinheiro!", "Traz de volta o nosso dinheiro!". Essa campanha denegridora da minha pessoa e dos combatentes pela liberdade de Cabo Verde foi orientada para destruir-nos moralmente, vilipendiar e deslegitimar a nossa luta de libertação. Dá-nos uma ideia das motivações políticas e dos objetivos pretendidos. Outro elemento de interesse para a sua análise política: quais foram os conselheiros estrangeiros dessa sanha contra os protagonistas da independência nacional, da construção dos pilares do Estado soberano nacional e dos alicerces da nova economia cabo-verdiana? Foram alguns portugueses e herdeiros revanchistas do colonialismo, representados por uma ala do Partido Socialista que era dirigida por João Soares, José Lamego e um terceiro elemento, cujas orientações da campanha, de que vim a tomar conhecimento mais tarde por alguém que esteve inicialmente com o MPD. O sr. João Soares manteve relações cúmplices com os serviços do regime do *apartheid*. Esse dado pode esclarecer a natureza das alianças que tinham sido urdidas.

Um segundo aspecto: transformaram-nos também em assassinos. Tinha havido a morte do Renato Cardoso[53] e, logo, nós éramos o seu assassino. Houve um miúdo que tinha morrido na Achadinha, apanhado por uma bala perdida: éramos os seus assassinos. Estávamos construindo uma nova prisão para a mudança das instalações construindo da cidade da Praia para São Martinho: estávamos a preparar um novo campo de concentração. Estava-se dando infraestrutura a uma parte do território da Achada São Filipe: era para condenar a população, ao lado, à discriminação e ao abandono. Tudo era bom para desinformar

53. Renato de Silos Cardoso (1951-1989), após a independência de Cabo Verde, foi conselheiro do primeiro-ministro e secretário de Estado da administração pública. Foi morto na cidade da Praia a 29 de setembro de 1989. Disponível em: <www.caboverde-info.com/Identidade/Personalidades/Renato-Cardoso>. Acesso em: 30 abr. 2020.

e confundir as pessoas. Por fim, a última invencionice: fizeram circular um panfleto com a lista das fortunas dos membros do governo e outros dirigentes em bancos suíços. Tínhamos fortunas depositadas na Suíça. Disseram-me que passageiros nas viagens entre São Vicente e Santo Antão discutiam o caso e diziam: "Com essa fortuna toda, quando eles perderem, vamos tomar aquilo tudo e com esse dinheiro resolvemos as dificuldades do país." Não tinham dado conta de que o país era magro demais para libertar esse dinheiro. Não havia por onde tirar tanto dinheiro. Vale a pena ter-se em conta todos esses dados. Foi uma campanha bem montada e por profissionais.

No fim, quando abandonei a residência oficial, fui morar numa residência pertencente a um irmão meu. Aquela fortuna esfumara-se, repentinamente! Ultimamente, tem-se falado insistentemente em *fake news*. No nosso caso, fomos vítimas de *fake news* mais absurdas e disparatadas, há cerca de 20 anos, em que, no entanto, as pessoas acreditaram. Penso que, por aqui, a prática deve ser antiga; talvez os seus autores já estivessem acostumados a esse tipo de intrujice e podiam requerer a patente das *fake news*... Também houve uma obstinação mórbida em querer desvalorizar a luta de libertação e em se aproveitar de incidentes policiais frequentes em situações de transição de instituições da colônia para as instituições do Estado soberano emergente, com o propósito faccioso de criminalizar os governantes, quando estes não deviam permitir as atitudes e os atos que pusessem em causa a autoridade do Estado, em todo o território e esferas sociais, sob a pena de se instaurar o caos e a desordem, pondo em causa o futuro da segurança e da autoridade pública.

Para nos dificultar as coisas, o bispo da Igreja Católica, apoiado pela maioria do clero local, quer nacional, quer estrangeiro, assumiu praticamente a liderança da campanha da oposição contra o PAICV e os seus dirigentes, transformando as igrejas, as prédicas e as missas em palcos e templos de campanha política da oposição. Passou a ser de fato o colíder da oposição. A par dessa tomada de posição política, aconteceu no Concelho de Santa Catarina um caso invulgar: houve a organização da profanação do sacrário da igreja de mesmo nome.

Quem ia profanar aquele sacrário? Gente da casa ou do partido no poder? Quem ganharia com aquele ato cínico e estúpido? Não seríamos nós. Está claro que teria de nos ser atribuída a sua autoria, a nós, "os anticristos"! Uma oportunidade ideal preparada e aproveitada pelo bispo para nos atacar de forma mais violenta e aleivosa, em proveito da oposição. Como compreender aquela atitude de inimizade e de rancor? É útil do ponto de vista histórico que eu apresente a minha interpretação dos acontecimentos. Não quero que fique uma visão deturpada desses fatos para as gerações vindouras.

Vejamos então algumas circunstâncias dos acontecimentos, para se poder entendê-los. Por que o bispo da Igreja Católica era contra o PAICV e os seus dirigentes? Havia alguma razão. Reside nessa atitude um fundo histórico e ideológico. Pessoalmente, não frequentava a igreja e defendia e continuo a defender uma sociedade secular e um Estado laico. Sou agnóstico. No entanto, não se estava diante de uma instituição religiosa de raiz nacional e cabo-verdiana. Atualmente, existe uma Igreja Católica cabo-verdiana (nacional) com os seus bispos, com o seu cardeal e o seu clero maioritariamente nacional, pela qual tenho muito respeito. Porém, aquela igreja que estava inicialmente instalada no nosso país era uma simples extensão da Igreja Católica portuguesa, que tinha sido partidária, aliada, defensora e cúmplice do regime colonial, como nas outras colônias. Era normal que ela tivesse tido aquele comportamento. Além do mais, o seu clero era composto maioritariamente por "missionários" portugueses, goeses e estrangeiros, cuja missão era evangelizar-nos e civilizar-nos, colocando-nos na condição humilhante de menoridade cultural e moral. Para além disso, a Igreja Católica portuguesa usufruía, nas colônias, do estatuto privilegiado de religião do Estado e o seu clero era pago pelo orçamento público. Pelo nosso lado, instauramos um Estado laico, separamos as religiões das instituições do Estado e estabelecemos o princípio de igualdade de tratamento entre elas. Esta orientação não teria sido do agrado de quem tinha tido o hábito de beneficiar-se dos privilégios coloniais, e ainda não tinha entendido as exigências políticas e culturais da descolonização.

Um outro elemento que perturbou e complicou as nossas relações — as minhas, principalmente — com a Igreja Católica foi a aprovação da lei de interrupção voluntária de gravidez. Isso deu para nos apelidar de assassinos de crianças. Nessa matéria, há uma enorme hipocrisia e falta da verdade à volta dessa questão do aborto. Ninguém quis estimular quem quer que fosse a fazer o aborto. Mas a questão de fundo era a seguinte: o combate aos abortos clandestinos e proteção da saúde das grávidas. Evitar, portanto, os crimes cometidos nessa matéria e permitir que a pessoa implicada optasse, observando as condicionalidades impostas pela lei. Uma coisa inaceitável era o aborto clandestino. Prejudica a saúde da mulher que, para além do mais, fica sujeita à dependência e à chantagem psicológica das executantes e à exploração financeira pelo preço elevado praticado. É muito mais saudável e mais digno para a mulher realizar o aborto num hospital e num quadro de proteção pela legalidade. É por esta razão límpida que a lei mantém-se em vigor tal como foi aprovada na época.

O outro lado do nosso... não diria conflito, mas mal-estar nas relações com o Estado, é que a Igreja Católica em Cabo Verde é proprietária rural, condição que é geradora de conflitos com os rendeiros. Do nosso governo constava a realização da reforma agrária e a melhoria da condição de vida dos rendeiros e camponeses, o que certamente não agradava aos donos das terras. Fizeram-se apenas algumas expropriações, porque a lei que aprovamos trazia muitas garantias para os proprietários. Não havia recursos financeiros do Estado para garantir as indenizações requeridas. Contudo, houve a expropriação de uma propriedade da Igreja situada no Concelho dos Mosteiros, cuja indenização foi negociada com os seus representantes. Como proprietária rural, a sua liderança ter-se-ia ficado ressentida o ponto de odiar o primeiro-ministro? Pode ser! Esse ressentimento manteve-se e manifestou-se, fortemente, 10 anos depois por ocasião das eleições presidenciais de 2001, contra a minha pessoa. Como entender essa conduta vingativa e de ódio? Na década de 1990, tinha havido mais um caso de uma maquinação de vestígio mafioso envolvendo-se com o governo e com o primeiro-ministro para incriminar o PAICV e a minha pessoa, no âmbito de um fenômeno anômalo de profanação dos locais de culto católico e de destruição de objetos de culto, surgido na ilha de Santiago, que faz lembrar a profanação do sacrário da igreja de Santa Catarina. Nessa trama de timbre criminoso estiveram envolvidos, de forma reconhecida, o primeiro-ministro, o bispo, o ministro-adjunto do primeiro-ministro, elementos da PJ cabo-verdiana, elementos da POP, o procurador da comarca da Praia, dois presos de delito comum e dois inspetores da PJ portuguesa. São acontecimentos graves que ficaram por esclarecer.

De onde veio o MpD, qual é a origem dele?

Muitos foram militantes do PAICV. Por outro lado, houve gente de boa-fé entusiasmada com a abertura política que quis uma alternativa ao PAICV. Era um grupo heteróclito. Constituía uma autêntica frente dos "contra". Faziam parte dessa aliança ex-militantes do PAICV decepcionados, os "trotskistas", os herdeiros do colonialismo, os despromovidos socialmente que tinham perdido privilégios de classe, funcionários desonestos sancionados, os imediatistas à espera de resultados milagreiros em curto prazo, gente que discordava da independência, também pessoas de boa-fé que queriam uma mudança do governo e, ainda, os fiéis que acreditaram nas intrigas veiculadas pelo clero católico, pela rádio e pela imprensa escrita de inspiração católica. Foi mais ou menos isso. Era esse o contexto sociopolítico em que lutou o PAICV, naquela altura, e os adversários contra os quais se tinha batido.

O senhor disse que sabia da possibilidade de ser derrotado, mas não na extensão que foi.

Sim, não esperava, porque eu estava convencido que tínhamos feito um bom trabalho. E fizemos! Se o Estado de Cabo Verde existe hoje é por aquilo que fizemos naqueles primeiros 15 anos da independência. Estou convencido que sim, e muita gente está convencida que sim. Estou convencido de que não se vai encontrar uma geração tão generosa e comprometida como aquela, que fez inúmeras renúncias pessoais e se sacrificou pela conquista da independência e pela instituição do Estado soberano de Cabo Verde. Não encontrará na história de Cabo Verde uma geração com as mesmas características e valores morais e patrióticos como aquela, como a nossa geração. Estou sendo sincero e o meu pensamento está livre de qualquer sentimento megalômano ou narcisista. Sobretudo agora, quando não estou interessado em cargos políticos.

O senhor acha que essa mudança geracional impactou também? Pessoas que não tinham vivido o período anterior?

É, em parte... Não se resolveu o problema do emprego, por exemplo. Mas estavam abertas as vias para que fossem resolvidos progressivamente. E as pessoas pensavam que as coisas eram mais fáceis do que são na realidade. Por vezes, as fantasias ganham dimensões de factibilidade. Aliás, podemos encontrar várias situações parecidas, por exemplo, a vitória do presidente Macron em França. Como entender isso? Desapareceram os partidos que tinham constituído os principais pilares do Estado francês e emergiu com força um outro movimento político, um pouco difuso, sem contornos bem definidos, que se impôs massivamente. Há dias, no Reino Unido, o partido do "Brexit", que quase não existia, ganhou as eleições legislativas internas e ganhou as eleições europeias. Como explicar isso? São sociedades em crise, em busca de qualquer coisa que desejam e que não têm? Nós estaríamos em busca de qualquer coisa que desejávamos e que ainda não tínhamos? É possível.

Pessoalmente deve ter sido difícil para o senhor assimilar aquela derrota, não?

Muito difícil, sim. Porque não esperava levar uma pancada daquelas quando se tem a convicção do dever cumprido. Depois disso, houve toda uma tentativa de nos humilhar e criminalizar. Os antigos membros do governo foram expulsos das residências do Estado, maltratados, os meios de comunicação social trocaram o passo e passaram ao serviço dos outros. Pessoalmente, tive que buscar outra residência, com o apoio de familiares, dos meus irmãos. Mas depois de fazer tudo aquilo e de passar por sacrifícios e perigos vários, estar numa situação de não ter uma residência própria e estar à procura de uma? Está vendo o que é? Não quis construir uma residência própria, não era uma prioridade para mim. Prioridade era a viabilização do país. Quiseram incriminar-me depois, quiseram incriminar alguns membros do governo, mas isso não deu em nada, pois faltavam os fundamentos. Foi a manipulação de uma coisa e de outra. De manipulação em manipulação, alguns casos têm sido manipulados e falseados indecentemente, até hoje.

Fizeram também seu enterro simbólico, não?

Isto aí está por aprofundar: a mudança dos símbolos deve merecer ser refletida. Por que a mudança dos símbolos? Quando se mudam os símbolos, se está contra quem? Contra os símbolos? Contra as pessoas? Contra a independência do país? Não sei. É uma questão a se aprofundar. Mas deixo esta tarefa aos analistas, não me compete essa função. Tenho refletido sobre símbolos. Na verdade, há presentemente uma autêntica guerra de símbolos. Por todo o mundo, mas também aqui. Há vários casos que nós podíamos citar. Há o símbolo da independência, o símbolo da luta, o símbolo da resistência nacional, o símbolo da soberania nacional! Por outro lado, restaram e restam os símbolos coloniais que são geralmente mais arreigados do que se pensa.

O meu enterro simbólico foi um gesto cruel, com o qual não contava. Ser enterrado, na minha própria terra! Porém, não me afetou moralmente. Tinha ganhado calejamento na luta armada em Guiné. Tinha superado os traumas do assassinato de Amílcar Cabral. Estava convencido de que venceria aquela situação. Era uma questão de paciência, de perseverança e de determinação. Hoje, cerca de 30 anos depois, sinto-me forte em todo o sentido da palavra.

O senhor já era, nessa altura, casado. A sua esposa também teve uma trajetória de militância política, não?

Sim, Adélcia vivia em Guiné. Chegou depois de mim, está claro. Era professora num dos colégios do PAICV no norte de Guiné, chamava-se

Escola Teranga, uma palavra senegalesa. Aqui, trabalhou primeiramente como professora de educação física; depois dirigiu uma organização infantil que tínhamos, a Organização dos Pioneiros Abel Djassi de Cabo Verde (OPADCV). Tinha sua vida profissional enquanto professora e, posteriormente, teve uma atividade mais social na liderança da OPADCV. Não fez uma vida política exclusiva como a minha, mas teve uma intervenção social forte. Neste momento, tem uma fundação que trabalha com as crianças, chama-se Fundação Infância Feliz. Um nome bonito, não é? Adélcia pertence a uma família que viveu muitos anos em Guiné. Os pais eram um casal de enfermeiros. Viveram em Guiné e depois da independência regressaram a Cabo Verde. Toda a família vive aqui.

E na sua vida familiar, como a derrota afetou?

Já tínhamos duas filhas. Hoje temos duas netas. Não deve ter sido fácil para elas, houve tentativas de as agredir e de as humilhar, mas reagiram bastante bem. Nós somos uma família grande e bastante unida e solidária, de modo que a solidariedade familiar contribuiu bastante para nos apoiar e nos ajudar, se podemos dizer assim. Ao mesmo tempo, tive a solidariedade dos verdadeiros militantes do PAICV e uma outra solidariedade, que é interessante: a dos meus conterrâneos da ilha do Fogo. Logo, houve uma série de círculos de solidariedade. Por exemplo, para garantir os estudos da Indira em Coimbra, fui encontrar um amigo que foi ministro dos Negócios Estrangeiros de Portugal, com o qual tinha boas relações pessoais e era presidente da Fundação Calouste Gulbenkian. Encontrei com ele e disse-lhe frontalmente: “Você tem de me arranjar uma bolsa de estudos para a minha filha”, e arranjou a bolsa. Éramos amigos, e não era nem socialista nem comunista, era do CDS! A bolsa para os estudos da Indira veio da Fundação Gulbenkian e ela residiu no Lar de Estudantes que eles têm em Coimbra. Quanto à bolsa para a Sara, custeei-a pessoalmente, da seguinte forma: era comandante de brigada aposentado e, também, era deputado e solicitei que fosse profissionalizado; com os dois salários, financiei os estudos da minha filha. Deste modo, o Estado de Cabo Verde não contribuiu para a educação delas e, possivelmente, não estivesse interessado. Do meu lado, tinha que garantir a minha autonomia pessoal e política. Como princípio, nunca lamentei nem supliquei nada para meu benefício pessoal ou familiar. Ademais, para fazer aquela travessia do deserto em tranquilidade espiritual era essencial o esteio familiar: ter um lar e uma companheira que compartilhasse comigo as nossas derrotas, tristezas e alegrias e, sobretudo, as mesmas convicções e aspirações políticas e sociais. Foi isso que me criou as condições para ultrapassar as dificuldades e os constrangimentos, pensar o futuro com mais tranquilidade e ousar enfrentar novos riscos. Trata-se de uma retaguarda de proteção e de encorajamento.

E vocês permanecem em Cabo Verde depois que o senhor sai da presidência. O senhor pensou em sair em algum momento?

Eu tenho pensado em muita coisa, tenho tentado descobrir-me. É difícil uma pessoa fazer a autoanálise psicológica, é difícil descobrir-se. Tenho procurado descobrir-me! Eu não podia sair de Cabo Verde. Passei todo aquele tempo a lutar por Cabo Verde e não podia vir no fim a fugir de Cabo Verde, porque perdi umas eleições. Podia perfeitamente ir, por exemplo, aos Estados Unidos da América, onde tenho muitos apoiadores, porque há muita gente do Fogo lá. Podia decidir passar uns tempos lá, sobretudo para aprender o inglês, a minha compreensão do inglês é ruim. Podia até tentar isso, mas decidi que não. Primeiro, não podia fugir daqui. Bati-me por isso e o meu lugar é aqui até o fim.

O segundo ponto do meu pensamento é a solidariedade com os outros, com aqueles que me acompanharam; teria que ser solidário com eles. Portanto, a conclusão é que não podia sair, teria que ficar. Em relação a Cabo Verde, também não podia sair, porque tinha que ser solidário com Cabo Verde. Caso houvesse alguma desgraça, era um dos responsáveis por essa desgraça. Portanto, considerava-me condenado a ficar aqui, não podia sair. Outra coisa: só posso ser cabo-verdiano, não posso ser outra coisa. A vida levou-me a que assim fosse. Comecei com a luta da libertação, com os meus amigos, com os meus camaradas;

logo, não posso mudar de compromisso, não posso sair, não posso abandonar. Por mais que haja complicação em Cabo Verde, sinto-me condenado a ficar aqui, porque sinto-me de certa forma responsável, de perto ou de longe, pelo que acontecer ao Cabo Verde independente e soberano. É uma questão do sentimento pessoal a que chamaria a minha coerência responsável.

Insistindo um pouco em provocar essa sua autoanálise psicológica, por difícil que seja: o senhor participou da luta armada pela libertação nacional. O senhor estava ciente do risco de ser derrotado, eventualmente ser morto pela potência colonial. Mas, aqui, o senhor sofreu uma derrota política de cabo-verdianos que votaram livremente. Como assimilou isto e encontrou forças para continuar ativo?

Eu fui sempre comedido, juro que fui um indivíduo sensato... Evitei os exageros, tive sempre a ideia dos limites do exercício do poder, dos limites das possibilidades. Se há coisas que são impossíveis, não devemos tentar fazê-las. Eu acho duas coisas: tive que enfrentar um mito qualquer, talvez seja do homem duro e mau. Quem é o homem mau? É o homem que faz uma guerra; portanto, não pode ser homem bom. Preciso muito reencontrar o patriota que foi obrigado a fazer uma guerra por necessidade histórica. Numa guerra, há um elemento que é fundamental manter na nossa cabeça, no nosso comportamento: combater o risco da nossa desumanização. Há um risco sério de desumanização: quando você tem o poder das armas, você é um pequeno príncipe, pode pensar que pode fazer o que quer. Isso nunca entrou na minha perspectiva de poder. Tive sempre essa preocupação dos limites, para que mantivesse a minha humanidade. Guardei esse lado humano, evitei qualquer tipo de exagero. Muitas vezes aconteceram coisas que eu não podia evitar. Sofri com isso, para mim foi um sofrimento ter que assistir ao castigo máximo.

Há um bocado falei de símbolos. Sim, há uma guerra de símbolos em Cabo Verde. Para dar-lhe ideia do meu entendimento dos símbolos: quando perdemos as eleições, foram buscar a estátua do

Diogo Gomes (símbolo pré-colonial), que estava num armazém, e reinstalaram-no aí, e na presença do presidente Mário Soares, do filho João Soares e demais membros da delegação portuguesa à tomada de posse do presidente eleito. Exultaram-se com isso.[54] Mas foram os cabo-verdianos que o fizeram. Pergunto: qual era o seu significado? Qual era a intenção subjacente? Esses fatos levaram-me a pensar, ando a pensar nos símbolos, na guerra dos símbolos e a minha luta vai ser para que os símbolos coloniais não marquem a história de Cabo Verde. Mas está sendo difícil, não vai haver uma geração como aquela, vai ser difícil.

Não sei se têm acompanhado o problema dos símbolos nos Estados Unidos com os afro-americanos, a questão do general Grant. Ele era escravagista, por isso querem apear a sua estátua que está no Congresso. O Cristóvão Colombo, quiseram apear também a sua estátua numa cidade da Califórnia e justificam: "Foi ele quem trouxe os massacres dos nativos." Em resumo, há uma guerra permanente entre símbolos rivais, os coloniais e os anticoloniais, e se pretende decantar tudo isso para ver quais são os símbolos que merecem ficar.

Como eu vi a minha derrota nas mãos de cabo-verdianos? Primeiro, há a questão que já disse aqui: eu tinha que ficar aqui, não podia fugir, isso faz parte do combate de que participei, nós não podemos fugir, não fugimos. Morremos aqui, então. Mas nós não fugíamos, é isso. Bom, preferi ficar aqui. E como ultrapassar isso? Essa é a questão. É no contato e no convívio direto com as pessoas. Não fugir ao encontro das pessoas, ao contato com as pessoas. Eu fui descobrindo as pessoas para ver se as pessoas me descobririam também. Presumo que me descobriram, talvez me tenham descoberto tardiamente, talvez, agora! Fiquei pensando nisso. Tive uma atitude bastante humilde, não arrogante, nunca iria ao contrário do que as pessoas pensam, honestamente. Não exercia o poder com arrogância, estive

54. Diogo Gomes, navegador português, foi um dos descobridores da ilha de Santiago, em 1460. A estátua, obra do escultor português Joaquim Correia, foi completada em 1956. Está localizado na lateral do Palácio do Governador de Cabo Verde, na área conhecida como Plateau, no centro histórico da cidade da Praia.

próximo das pessoas, por exemplo, participei em várias campanhas de arborização, participei em campanhas de limpeza aqui na cidade da Praia, porque no início a salubridade pública era péssima! Fiz tudo isso, o que significa que estive perto das pessoas e mantive o contato humano com as pessoas.

Bem, fui derrotado, mas não perdi a paciência nem a esperança. Depois perguntei a mim mesmo: "Quais foram os teus erros, meu caro? Deves ter errado também!" Então, aceitei o princípio de que eu pudesse ter errado. Alguma coisa podia ter feito de forma incorreta, não acertada. Aceitei a possibilidade de ter errado, aceitei a possibilidade de uma má comunicação. As pessoas decidem com a informação de que dispõem. Significa que não dispunham das informações necessárias para isso. O nosso trabalho de informação, o nosso trabalho de comunicação, o nosso trabalho de explicação não foi suficiente e eficaz. Como um exemplo, onze meses depois esteve ao nosso alcance a vitória nas eleições autárquicas na nossa capital, não fosse a intervenção autoritária e ilegal do ministro do Interior da época, forçando a reabertura de uma ou mais assembleias de voto na Achada de Santo Antônio.

Cheguei à conclusão de que teria havido falha. E, através de uma atitude de realismo, de lucidez, fui-me adaptando, fui procurar soluções, até que o PAICV, sob a minha orientação, ganhou as eleições autárquicas em 2000. Isso mostra que a coisa não era tão má assim. Contribuíram para o sucesso a minha presença física, a minha persistência, ainda a minha personalidade ou qualquer coisa assim. Não foi fácil convencer todas as pessoas de que tinham de se arriscar. Algumas aceitaram o risco de imediato, mas outras foram um bocado forçadas e, no fim, ganhamos. Eu disse a um dos renitentes: "Vá lá, você pode correr o risco de ganhar essas eleições." E ganhamos.

O que eu pensei imediatamente? O meu pensamento foi esse, muito simples: o que nos falta e o que podemos fazer para ganhar as legislativas? Faltava algo que proporcionasse um novo impulso para vencer as legislativas. Pensei em duas coisas. Disse para com os meus botões: vou deixar de novo a liderança do PAICV, vou trazer uma novidade.

Com a novidade, podemos ganhar as eleições legislativas. E trouxemos a novidade, ganhamos as eleições legislativas com uma liderança mais jovem do PAICV. Essa nova liderança eleita tinha estado contra a minha anterior liderança, contra a minha pessoa. Não sabiam o que ia na minha cabeça, mas provoco a mudança no sentido inesperado... Enfim, a ideia foi essa: "Falta um bocadinho, mas como gerar esse bocadinho?" Provocar uma mudança para uma liderança mais jovem. Outros falaram, poucas vezes falei disso. Depois, vou-me apresentar às eleições presidenciais que iam ter lugar. "Deixo para uma nova geração a liderança do PAICV e do governo e vou experimentar as presidenciais." Deixei a casa toda arrumada porque arrumei o PAICV todo, antes de fazer a declaração de que ia apresentar-me como candidato à presidência. Arrumei a casa, deixei a casa arrumada completamente, porque não dava também para não ser leal com os meus camaradas. Porque ser leal é um dos meus grandes defeitos. Assim tentei. E é preciso que se note: não surgi como o candidato apoiado pelo PAICV. Passei a sê-lo. Fui antes o candidato de um amplo movimento social paralelo ao PAICV.

Deve ter sido um sentimento bom de retornar, eleito, depois de ter sofrido essa derrota.

Não foi uma vingança, foi uma consagração, apesar dos meus inimigos não aprovarem! Houve muita gente, muitos companheiros, muitos amigos que me apoiaram. Mas os contra, havia muitos. Inclusive, novamente, o bispo de Cabo Verde era opositor acérrimo à minha candidatura. Eu estava em campanha, foram-me perguntar e não sei quem teria comandado ou encomendado aquela pergunta: "Qual é a sua religião?" Em plena campanha, você vai me perguntar qual é a minha religião! Era estranho! Eu caí na asneira de responder: "Eu sou agnóstico." Estava cansado e, no fim do dia, não estava à espera daquela cilada, fui sincero. Eu, por acaso, sou agnóstico. A antipatia que ganhei aqui no meio de muita gente religiosa é por ser agnóstico. Não me reverencio face às religiões ou a algum líder religioso, eu sou agnóstico. Têm que me aceitar como tal. O bispo, numa das suas prédicas contra a minha candidatura, referindo-se à minha resposta: "Vejam lá, ele diz que é agnóstico." Como se ser agnóstico fosse um crime de lesa-pátria. No entanto, tinha tomado consciência dos riscos daquela minha resposta e procurei corrigi-la esclarecendo: "Eu não sou nem por uma ou por outra religião..." e tive que explicar um bocadinho, meio sem jeito, o que é ser agnóstico. Às vezes uma pessoa diz coisas que não devia dizer.

Campanha política é um momento perigoso, não? Qualquer escorregão...

O controle da linguagem, do discurso, é fundamental. E entre nós, então... Naquela situação eu devia estar sob observação de muita gente: qual era a asneira que eu ia dizer? Procuro ser sincero e leal. Há tempos, eu estava numa conversa com uns jovens, quando eu lhes disse que não tinha religião. Alguém contestou-me: "Não pode ser, porque você se comporta como quem tem religião, você é um bom cristão!" Respondi-lhe: "Está bem, se é a sua opinião, agradeço-lhe..." Por vezes, as pessoas têm dificuldades em compreender a minha filosofia de vida e a minha ética.

Comandante, gostaríamos de voltar só um pouquinho antes das eleições. O senhor disse que arrumou o partido e que sua candidatura não foi lançada pelo partido. Mas o José Maria Neves era contrário à sua candidatura a presidente, na época?

Não se podia dizer que fosse contra a minha candidatura, talvez eu não fosse de início o candidato dele; isso é outra coisa. O certo é que apoiou e participou na minha campanha e, até, num comício realizado na Assomada, cometeu a "heresia" grave de comparar o meu desígnio ao de Simão Pedro, citando a parábola "Pedro, tu és pedra e sobre esta pedra edificarei a minha igreja", provocando de novo a ira do meu inimigo de estimação.

Mas por quê? O senhor acha que tinha outra preferência?

Nunca nos explicamos sobre isso. Não seria uma atitude pessoal. A verdade é que, dentro do PAIGC, sobretudo entre as pessoas mais jovens, já se pensava que eu era uma carta fora do baralho. Talvez isso. Pensando em gerações, pensando nos resultados eleitorais, teriam pensado isso, embora o PAICV fosse maioritariamente favorável à minha candidatura. Além do mais, é normal aceitar que haja gente que discorde de nós. São interessantes e elucidativos os comentários de Aristides Pereira a esse propósito e à minha recandidatura à liderança do PAICV.

Por que o senhor quis se candidatar?

Qual era a minha motivação?

Sim.

Ora, depois dos resultados eleitorais, refletindo bastante, tive muitas dúvidas, que se resumiam em: o que estariam pensando as pessoas? Estarão a favor da independência de Cabo Verde, ou não? As pessoas estarão a favor ou contra aqueles que se sacrificaram e lutaram pela independência de Cabo Verde? Qual é o valor que a sociedade no geral dá a esse acontecimento e a esse ato e, sobretudo, ao engajamento e compromisso com a independência de Cabo Verde? Refleti sobre isso, tendo em conta também que, caso não me candidatasse, era toda a minha vida que perderia o sentido que lhe tinha incutido. Eu lutei para atingir um objetivo e a minha vida foi orientada nesse sentido. Eu queria testar se esse sentido de uma vida valia ou não valia. Decidi desafiar os cabo-verdianos, embora houvesse vários riscos: de insulto, de agressões, de tentativa de humilhação. Havia esses riscos. Mas o importante para mim era testar os sentimentos patrióticos, embora tivesse havido uma sondagem em um dado momento em que 96% dos cabo-verdianos se tinham manifestado em favor da independência. Mas qual era o seu significado real? No meu íntimo, havia essa ideia: vamos testar o grau de adesão da sociedade cabo-verdiana à luta pela independência e à sua identificação ou não com as pessoas que fizeram e encarnaram essa luta pela independência. Além disso, a minha candidatura era também um teste de natureza pessoal: se teria valido a pena ou não ter feito os sacrifícios que tinha feito em prol da nossa libertação.

Estava aqui como embaixador de Angola o comandante Kiluanje,[55] que é um grande amigo, porque tínhamos tido um percurso de vida parecido. Ele esteve primeiramente em Cabinda, nos grupos de combate daquela frente, depois creio que foi para a Frente Leste. Não tenho todas as informações. Mas éramos amigos e frequentava a casa dele. Foi quem me aconselhou: "Não vale a pena se candidatar, será pior do que da outra vez." Eu lhe respondi: "Bom, veja que eu vou tentar isso, é um risco." Outras pessoas também pensaram que não devia candidatar-me por ser um risco desnecessário. Mas tinha a minha visão e interpretação das coisas e entendia que devia correr esse risco, como já tinha corrido outros riscos. Portanto, correr o risco não era novidade.

Na minha perspectiva, a candidatura era para confirmar a validade do sentido da minha vida, para confirmar o sentido do combate que fiz; por isso, era indispensável correr esse risco e apresentar a candidatura à presidência da República. Ia no sentido de confirmar a validade histórica daquilo pelo qual tinha lutado e no qual continuava a pensar: teria valido a pena ter-me envolvido durante tanto tempo com os destinos de Cabo Verde? Ia tentar provar isso a mim mesmo.

Em fevereiro ou março, foi feita uma sondagem sobre os eventuais candidatos à presidência. O dr. Carlos Veiga apareceu à frente com cerca 70% de preferência do eleitorado. Eu, com 10 a 12%, embora pessoalmente não tivesse manifestado essa intenção. Esse dado dá para avaliar o contexto desfavorável de partida.

55. José César Augusto "Kiluanje" (n. 1941).

A eleição foi em duas voltas — turnos, como se fala no Brasil. A primeira foi muito apertada, menos de 1% de votos de diferença.

O tempo entre as duas voltas era muito curto. Dificultava as negociações e a comunicação com os eleitores apoiantes das outras candidaturas.

Qual foi a diferença de tempo entre uma e outra?

Quinze dias. Qual era a previsão das pessoas logo no início? A previsão de algumas pessoas, as mais informadas, era que eu ganharia na primeira volta, seria o mais votado. Mas que teria dificuldades, na segunda volta, em garantir a adesão da maioria dos votantes nas outras candidaturas. Na realidade, não foi fácil, mas lá se conseguiu vencer, apesar das habituais interferências e injunções do bispo católico, meu inimigo de estimação, que, no entanto, tinha perdido em parte a influência e não conseguia convencer todos os crentes.

Essa eleição ficou famosa porque na segunda volta houve uma diferença de apenas 12 votos entre os candidatos.

Sim, mas isso é uma questão a se rever, porque... na operação de validação dos votos nulos e duvidosos, os votos a meu favor foram quase todos anulados. Foram mais astuciosos que os meus representantes. Ficou uma dúvida.

O MpD boicotou a sua posse, não participou da solenidade.

Era uma reação de desgosto de quem tinha perdido as eleições legislativas e esperava pelo menos ganhar as presidenciais, porque considerava o seu candidato imbatível. Foi um desencanto difícil de se digerir. Há um outro elemento importante a se considerar, que é a cultura institucional. Se temos cultura institucional, respeitamos as instituições. Se não temos, desrespeitamos as instituições e colocamos os nossos desejos, a nossa vaidade acima das instituições. É a forma como se pode interpretar aquela atitude desrespeitosa. Houve outros casos, o próprio PAICV, na década de 1990, também abandonava a sessão parlamentar como forma de rejeição daquilo que estava se passando que considerava desrespeito da sua condição de uma minoria. Do meu ponto de vista, revela o nível da cultura institucional.

E qual foi o seu sentimento pessoal? O senhor havia tido, 10 anos antes, uma surpresa negativa com a derrota nas eleições. E agora o senhor, após uma década, retornava pelo voto popular.

Entendo que era um desafio a se enfrentar, mais um. Era uma outra questão importante na vida de uma pessoa que se empenhou tanto na independência de Cabo Verde. Em síntese, era como seria visto e recordado no futuro. Nenhum entre nós gosta de ser recordado como um perdedor, ninguém gostaria de ser recordado como um rejeitado. Deste modo, fui chamado a fazer um esforço a mais para deixar uma imagem de respeito e de seriedade para a posteridade. Foi a forma que encontrei para me tranquilizar espiritualmente e responder à dúvida: "Como serei recordado pelos outros?"; ou, de uma outra forma: "Valeu a pena ter corrido os riscos que corri?" Aqueles riscos justificavam-se.

Olhando retrospectivamente, a vida política está sujeita a momentos de superioridade e de inferioridade; de vitória e de derrota. O senhor passou por vários momentos muito diferentes, não é? O que motiva as pessoas a...

A vida na política é constituída por coisas boas, é constituída por coisas más, menos boas, menos más, e por momentos trágicos, infelizmente. Nós tínhamos um percurso, uma experiência que vinha da nossa participação na luta armada em Guiné, portanto eu diria que estávamos endurecidos pela nossa experiência, pela nossa vivência. Isso deu-nos um certo traquejo e uma certa fortaleza espiritual, uma certa fortaleza psicológica. Isso nos deu ainda um outro aspecto que é encarar a vida com otimismo, não se deixar levar pelas dificuldades e pelos sofrimentos, ou não se deixar levar pelos efeitos negativos dos momentos trágicos.

Considero que pessoalmente estava endurecido, fortalecido espiritualmente, tinha bastante paciência, não estava influenciado pela ansiedade por ter que chegar ao fim, de imediato, pela aflição do risco por não chegar lá... Não! Estava preparado para aceitar a vida caminhando devagar, mas com consciência, convencido de que podia realizar as minhas aspirações e metas. Tínhamos uma experiência de vida que não nos colocava numa situação estressada de ter muita pressa, de ter medo do tempo, do desastre, medo das perdas. Não! Tínhamos uma visão diferente da vida e diferente também da visão dos outros. O que nos teria ajudado é a experiência, a vivência anterior, mas também ganhei em paciência, ganhei em estabilidade emocional. Ganhei isso durante a luta, mas também depois no governo e por fim na oposição, enquanto cidadão comum, normal. Não vivia o drama de estar fora do poder. Voltar ao poder para mim não era uma necessidade dramática, porque também tinha aprendido a estar fora do poder. "Normalizei" a minha situação, se posso utilizar essa palavra para traduzir o meu estado de espírito, para traduzir a minha visão tranquila do futuro.

10

Na presidência

"Era fundamental recuperar a autoestima dos cabo-verdianos, o sentido de nação, o sentido de um combate"

E o senhor foi eleito presidente.

Fui eleito presidente, mas mesmo como presidente, passei mal, fui fustigado por uma campanha perversa sistemática, durante cinco anos, contra a minha pessoa, através de um jornal da praça. Tínhamos pensado em levar o caso ao tribunal. Para não o fazer, foi preciso muita paciência!

Para mim, o mais importante era a consolidação das instituições da República. Fiz uma magistratura orientada para o apoio à consolidação de determinadas instituições, principalmente na área da Justiça, do Ministério Público, da Ordem Pública e da Defesa e do combate ao narcotráfico e ao crime organizado. Naquela altura, a situação era crítica. Essas áreas do poder do Estado constituíam a minha primeira preocupação. Portanto, era fundamental apoiar essas instituições e libertar a sociedade de um certo risco da instalação no poder de forças ligadas à criminalidade e ao narcotráfico. Houve várias tentativas de se instalarem aqui, mas não conseguiram o seu intento por mérito do governo e das instituições encarregadas do seu combate. Foi necessário um esforço grande, quando havia pessoas que não percebiam que em primeiro lugar estava a consolidação das instituições do Estado, os interesses e as prioridades nacionais, e não os interesses particulares e de muito curto prazo, traduzidos numa atitude expectante e clientelista. Ainda, foi necessário conscientizar as instituições da sociedade civil dos riscos sérios existentes e do papel que lhes estava reservado para a sua anulação.

No meu entendimento, o presidente da República, enquanto magistrado supremo da nação, tem a missão de solidariedade com as outras instituições e com a nação em consolidação, sobretudo quando sabemos que as nossas instituições são jovens e em estado de crescimento e consolidação. Ainda, apoiá-las e estimulá-las a exercer corretamente as suas atribuições, embora exigentes e, por vezes, arriscadas, especialmente em áreas mais sensíveis.

Na minha perspectiva era fundamental recuperar a autoestima dos cabo-verdianos, elevar o seu sentimento de pertencimento à nossa nação, reforçar a ideia da necessidade de um esforço nacional adicional para garantir o desenvolvimento e o progresso nacional. Por isso, trabalhei muito a questão do reconhecimento público das pessoas. Concebi um vasto programa de reconhecimento público, de condecoração, de personalidades merecedoras, que se distinguiram nas áreas das suas atividades.

Decidi começar pela distinção dos combatentes da liberdade, aqueles que na verdade combateram pela libertação do país. Antes de levar avante a ideia, fiz várias consultas. Falei com o meu antecessor, dr. Mascarenhas de Monteiro, que me recomendou prudência. Os meus interlocutores mostravam-se geralmente receosos e me diziam: "Esse é um terreno complicado, tome cuidado." Não encontrei o apoio expresso de que necessitava. Decidi avançar por minha conta e risco. Criei uma comissão para a seleção dos agraciados, aos quais comuniquei a minha intenção. De um universo de mais de uma centena de candidatos, só três não aceitaram a minha proposta. As cerimônias decorreram num ambiente de muita dignidade e respeito. Considerava fundamental que as pessoas tivessem orgulho de ter participado na luta de libertação. Condecorei ainda, em cerimônia pública, as mulheres que participaram na luta. Foi uma preocupação de valorizar a independência e de valorizar aqueles que participaram na luta pela independência a fim de despertar o sentimento de orgulho pelos nossos feitos. Como meio de aproximação com os agraciados passei a enviar-lhes, anualmente, o cartão de Boas Festas. Tive o retorno do acolhimento simpático que recebeu esse pequeno gesto de afeição e simpatia.

Decidi agraciar pessoas de todos os ramos de atividades. Antes, as condecorações estavam reservadas aos intelectuais. A minha perspectiva não era essa. Afinal, quem foram os construtores deste país? Os intelectuais tiveram, é certo, um lugar importante e deram uma contribuição valiosa. Contudo, não foram os únicos. São igualmente construtores do país e da nação os quadros técnicos, os funcionários públicos, os camponeses, os pescadores, os homens do mar, os industriais, os trabalhadores e os agricultores e proprietários. Distingui todas as categorias sociais, como um gesto de reconhecimento e como forma de as estimular a se comprometerem com a construção do país. Distingui também uma outra categoria específica: os capitães e os marinheiros. Nós somos um país de ilhas. Quem uniu essas ilhas? Foram eles: os capitães, os marinheiros e os homens do mar. Distingui todas as categorias sociais no sentido de transmitir-lhes a mensagem: "Meus senhores, todos nós contribuímos para a construção deste país. Vocês são merecedores do meu respeito, são merecedores da minha amizade, por aquilo que fizeram." Procurei trazer o "país" para dentro do palácio, para o espaço livre, onde se faziam as condecorações e outros atos sociais.

Procurei transmitir aos cabo-verdianos, sobretudo aos residentes, o reconhecimento público pelo que fizeram. E o fiz no sentido de consolidar a nossa nação. A partir do meu exemplo, muitas entidades públicas e sociais passaram a distinguir as pessoas empenhadas e cumpridoras e merecedoras de destaque. Antes não se dava atenção às pessoas empenhadas e cumpridoras. Rompi com essa indiferença. Neste país, tínhamos dificuldades em dizer "obrigado". Ter o gesto de reconhecimento! Decidi chamar a atenção para isso, mostrando que era preciso reconhecer a todo aquele que tivesse feito qualquer coisa de importante, de bom para o nosso país. Essas distinções eram atos simbólicos significativos de reconhecimento e de gratidão. Na nossa sociedade, no nosso país, não sei como explicar, mas dificilmente uma pessoa elogiava as qualidades do outro ou dizia "muito obrigado". Tentei mudar essa atitude em relação ao agradecimento por aquilo que as pessoas fazem por nós. Institui o dever a que chamava de "o dever de reconhecimento". Despertei a velha questão do orgulho, a velha questão da autoestima. Queria assim resgatar a autoestima dos cabo-verdianos; resgatar e reforçar o sentido e a imagem de uma nação empenhada e diligente; resgatar a responsabilidade de todos na edificação deste país. Não sei se consegui, mas tentei.

Na presidência o senhor teve o José Maria Neves como primeiro-ministro. Como foi o seu relacionamento com ele ao longo desse período?

O José Maria Neves representava uma nova geração e era, na época, um dos mais promissores políticos dessa geração, que viria a assumir a liderança do PAICV. Ganhou as eleições legislativas e era o chefe do governo legítimo, votado pela maioria dos cabo-verdianos. Fez uma excelente campanha, teve o apoio popular que o conduziu à chefia do governo. Estávamos na mesma área política, se podemos dizer, dentro do mesmo partido. Eu, para me candidatar à presidência, teria que, durante o tempo da presidência, deixar de pertencer a um partido político e deixar de exercer qualquer militância política, tinha que estar fora da vida político-partidária. As nossas relações no começo eram muito fluidas... qual é a outra palavra que se pode melhor utilizar? É verdade que, no começo, as coisas não estavam tão soltas como eu desejava. Do meu lado, o que eu procurei fazer? No seguimento das nossas funções, viríamos a ter os encontros de trabalho semanais que contribuíram para desafazer eventuais equívocos.

Pessoalmente, assumi uma postura amiga e institucional, enquanto tal, sem ter em conta outros fatores, porque era indispensável que assim fosse para que as instituições funcionassem na normalidade e o país também. No meu entendimento das minhas funções, devia ter relações de solidariedade institucional com todas as outras instituições, com o Parlamento, com o governo, com os tribunais, com as Forças Armadas etc. Logo, era essencial ter relações de instituição para instituição e ter em conta que somos um país jovem, as suas instituições são também jovens. Falta-lhes o traquejo; falta-lhes qualquer coisa que se ganha com o tempo, em que a experiência vai possibilitar a acumulação de práticas e gerar a consolidação das instituições, em que elas passam a funcionar por si. Na minha perspectiva, as nossas instituições, todas, eram e são instituições jovens. Devemos ter isso em conta quando interpretamos as nossas relações, sem ter que criar clivagens desnecessárias que pudessem pôr em causa o funcionamento de uma instituição jovem. Eu, antes de pensar em criticar, publicamente, o governo ou outra instituição, pensei em compreender as razões e as motivações da decisão, e evitar de me opor desnecessariamente ao governo, por exemplo. O meu pensamento era: "Como criar as condições para que o governo trabalhe numa situação de normalidade?" Essa era a minha perspectiva. Até hoje, o meu ponto de vista é que devemos tomar muito cuidado, porque o país continuava frágil e as suas instituições eram jovens, os seus titulares também jovens, e não se tinha verificado ainda a acumulação de traquejo e a robustez indispensáveis às instituições. Até lá, devemos ser muito lúcidos e prudentes!

Na independência de Cabo Verde, o senhor falou que era preciso construir um país e, portanto, instituições. Em 2007, a ONU deixa de incluir o país na lista dos países menos desenvolvidos. Quer dizer, em três décadas, apesar de serem instituições novas, e ao contrário, infelizmente, do que aconteceu em boa parte da África, houve estabilidade política e desenvolvimento econômico. O que houve de especial em Cabo Verde para atingir isso?

Significa que a estabilidade política é fundamental à paz e à coesão nacional. Trata-se da condição prévia para que as pessoas apropriem o projeto de sociedade, ou seja, o projeto do futuro. Eram essas as condições a serem garantidas. Foi também a participação interessada da maioria da população na sua realização que permitiu o seu sucesso. O que possibilitou isso? Foram, precisamente, o bom governo, a estabilidade que se conseguiu, o funcionamento normal das instituições, o relacionamento correto entre elas. Portanto, tinha-se criado um clima político e social que favorecia e estimulava a identificação do país com os objetivos propostos e em execução e o seu sucesso.

Mas convenhamos: Cabo Verde, um país de desenvolvimento médio!? Sejamos razoáveis, não é bem assim. Não sejamos ingênuos. Cabo Verde continuava a ser um país frágil, extremamente frágil. Logo, o desenvolvimento médio significa o quê? Significa que atingimos um patamar de irreversibilidade, ou não? Considero que não. Não atingimos ainda um patamar de irreversibilidade. O que estou dizendo é que o risco de regressão em vários domínios continua existindo. Portanto, a comunidade internacional, aqueles que decidem isso, trabalham mais com estatísticas. Não sei se trabalham com as situações política, econômica e social e com as tendências futuras. É provável não tenham tido devidamente em conta as tendências e os riscos. Penso que não. Não posso avaliá-los, porque nunca discutimos isso, mas entendo que a preocupação para nós deve ser atingir o patamar do não retorno, da irreversibilidade, em que não há riscos de regressão, quer social, quer econômica. Em matéria de regressão social e outras, o mundo está cheio de exemplos. Há exemplos de regressão em matéria de direitos políticos, há exemplos de regressão em matéria de direitos sociais e em matéria de nível de vida. Portanto, há sempre o risco da regressão, do retorno. O esforço que nós devemos fazer é para atingir o patamar de não regressão.

Ora, esse Cabo Verde país de "desenvolvimento médio" não inclui ainda essa garantia importante que é a consolidação, a solidificação dos ganhos econômicos e sociais, para além da consolidação das instituições públicas, para atingir esse patamar da irreversibilidade, do não retorno. Ainda não! Mesmo neste momento, não atingimos esta meta. Um país que precisa de apoio financeiro exterior para estabilizar o seu orçamento, não se pode dizer que chegou ao patamar da irreversibilidade. Bastaria perder esse apoio. Um país que esteja numa situação em que ainda precisa de apoio em ajuda alimentar, não atingiu ainda patamar de irreversibilidade. Portanto, temos alguns índices favoráveis, pois multiplicamos não sei por quantas vezes o PIB. Mas aumentou ao mesmo tempo a nossa população. Chegamos ao ponto do não retorno ou da irreversibilidade? Não chegamos. E o nosso esforço prioritário deve continuar a ir nessa direção, a fim de atingir o patamar de irreversibilidade. Para isso, devemos avaliar os vários aspectos da vida, as finanças, a economia, a educação, a saúde, e, particularmente, a qualidade dos recursos humanos.

Em 2007, além dessa classificação da ONU, foi assinada a cooperação especial de Cabo Verde com a União Europeia. O senhor acha que foi importante, nesse momento?

Penso que sim, que é interessante e muito útil ter um excelente e profícuo relacionamento com a Europa. Têm sido relações cordiais, de cooperação, mas devemos ter atenção para não transmitir a ideia de estar concentrando as nossas relações externas apenas nesse espaço político. Não podemos, enquanto país africano, membro da CEDEAO e da União Africana, circunscrever as nossas relações à Europa. Temos de ver o mundo no seu todo. É muito bom ter boas relações com a Europa? Considero que sim, é muito útil sobretudo para quem tem, como nós, uma comunidade imigrada importante na Europa. Mas é indispensável ter a ideia de que o mundo é mais do que isso. O mundo inclui os Estados Unidos da América, inclui a China, inclui a Rússia, inclui a Índia, inclui a África, inclui a CEDEAO, inclui Angola, inclui o Brasil. Aliás, durante bastante tempo sonhamos com relações privilegiadas com o Brasil. Na minha modesta opinião, nós temos que ter uma visão globalizada das nossas relações externas, orientada para todos os azimutes.

O senhor sempre viu Cabo Verde como um país africano. Mas também há sempre o discurso sobre a "especificidade" de Cabo Verde, de não haver uma população nativa quando os europeus chegaram. Como o senhor via esse debate sobre Cabo Verde?

Nós éramos uma colônia. A primeira questão é que temos de aceitar que éramos um país colonizado. A segunda questão que temos de aceitar é que tivemos uma sociedade escravocrata. Temos de assumir que as nossas origens estão aí, ao lado, no antigo porto da Ribeira Grande de Santiago, por onde passaram milhares de escravos em direção às Américas, em direção ao Brasil, em direção à Colômbia, sobretudo, que ia até ao Panamá. Portanto, temos de ter uma ideia mais correta, mais realista da nossa história. O mal está no seguinte: falseou-se a nossa história, durante todo o tempo, escondendo-nos os seus aspectos mais injustos, mais dramáticos, humilhantes e aviltantes da nossa condição humana. A versão que o colonialismo nos deu da história é falsa ou no mínimo incompleta! Portanto, devemos nos descolonizar mentalmente, também. Julgo que o próprio antigo colonizador devia pensar em fazer a sua "descolonização".

O senhor acha que esse processo de descolonização mental ainda não foi concluído?

Sim! Considero que se trata de uma luta prolongada de décadas. É a velha questão dos símbolos, dos mitos que nos impuseram. Veja que há várias ideias que não traduzem a verdade. Por exemplo, a ideia do luso-tropicalismo é outra ideia simpática propagandeada, mas completamente falsa, que não é aprofundada. Parece, à primeira vista, que seria algo que aconteceu, talvez algo desejado, mas do meu ponto de vista é falso, historicamente falso, sociologicamente falso. Não é correto, traduz uma parte da realidade vista ou desejada pelo colonizador. Aliás, a história que nos era narrada era altamente falsificada para justificar o injustificável. A nossa perspectiva sobre a questão das memórias é diferente — por isso é que trabalhamos e estamos a insistir numa nova narrativa das nossas memórias. Desejamos retificar as memórias da nossa luta, as memórias do nosso passado, mas no sentido honesto e realista. Não no sentido adulterado, amenizado e suavizado, para tentar justificar um sistema retrógrado ou para justificar os seus erros e violências humilhantes. Não! Eis a questão principal: Cabo Verde tem a noção real da sua história? Na minha perspectiva, não tem. Nisso, vamos continuar a trabalhar!

O senhor mencionou a condecoração a vários ex-combatentes, como o senhor valorizou isso. O senhor está preocupado com a memória que vai ficar em relação à luta armada, à luta pela independência?

Eu costumo utilizar um ditado africano que diz: "Enquanto o leão não tiver o seu historiador, a glória vai para o caçador." Estou tentando ver se o leão arranja o seu historiador e faz a narrativa das suas vitórias. É o que eu digo aos meus amigos africanos: "A história contada pelos outros está contaminada por preconceitos. Nós e vocês temos de fazer a nossa história, temos de trabalhar isso." Porque o resto está eivado de preconceitos.

Se nós trabalhamos os acontecimentos históricos... Vou citar dois aspectos. Um é o Tratado de Berlim de 1885: divide-se a África, cada um toma o seu quinhão. Ora, como entender isso? Depois da chamada I Guerra Mundial, o Tratado de Versalhes e a Sociedade das Nações ignoraram completamente a condição da África e dos africanos. Como entender isso? Em contrapartida, resolveu-se uma série de questões coloniais ou semicoloniais com consequências graves ainda hoje, no Médio Oriente, por exemplo. Essas coisas, está claro, não são discutidas e analisadas as suas consequências, porque é a história contada pelos outros. Depois de 1885, desenvolve-se toda a situação colonial até os dias de hoje. Quem conta a história da partilha e da divisão arbitrária da África? Quem conta as guerras de ocupação? Quem conta as resistências africanas? Quem conta todo o processo, como aconteceu? Não está trabalhado! O que prevalece muitas vezes é o preconceito desfavorável à África e desfavorável aos africanos. Veja, por exemplo, a questão do chamado comércio triangular. Ele serviu para enriquecer a Europa. Há uma carta de um embaixador mexicano, respondendo à cobrança abusiva das dívidas externas do seu país, aos seus "irmãos" europeus: "Vocês ainda nos querem cobrar isso? Mas vocês já pagaram o que levaram?" É tudo isso: ou esquecemos ou analisamos o passado também com o propósito honroso de recuperar a dignidade, a autoestima. Por fim, a nós, os africanos, querem reservar-nos lugar na última carruagem do comboio da história. Tenho procurado refletir sobre isso. Tudo isso se fará, mas é com muito mais tempo.

Como o senhor vê historicamente o pan-africanismo, que o senhor já mencionou nesta entrevista? Orientava muito o pensamento da sua geração?

Nós começamos o nosso sonho libertador, comigo foi assim, pelo pan-africanismo e nos colocamos numa perspectiva pan-africana. Mas veja: o pensamento pan-africano sai de onde? Eu posso estar errado, por falta de conhecimentos em determinadas situações de África do século XIX, não tenho os dados. Mas o pan-africanismo partiu das Caraíbas e dos Estados Unidos da América. Não é de se estranhar, pois a primeira "República de Escravos Libertos" aconteceu no Haiti, em 1804. O mais distinto teórico do pan-africanismo, Du Bois, era americano.[56] Morreu em Gana, está enterrado em Acra. Outrossim, o sonho pan-africanista também está ligado ao sonho do retorno, do regresso à África. Deste modo, os ideais pan-africanistas, a necessidade da unidade para devolver aos africanos a dignidade desprezada está acompanhada de uma utopia, de um sonho, que pode ser interessante, mas não era realizável. O regresso não era realizável. Daí que tenha um lado mítico, mas não realizável ao todo, o sonho daqueles que pensaram o pan-africanismo nos Estados Unidos da América e sobretudo nas Caraíbas. Houve muita gente originária da Jamaica envolvida no projeto. Diria que a maioria dos nacionalistas que combateram pela libertação africana tinha-se inspirado, em grande medida, no pensamento pan-africanista. Além disso, houve um acontecimento importante que foi o Congresso Pan-Africano de Manchester, quando Kwame Nkrumah foi eleito presidente ou secretário-geral do movimento pan-africanista.[57] Com a eleição do Nkrumah, deixou-se de colocar a questão do regresso e reorientou-se para a luta pela independência das colônias. Não estou seguro de que o que digo seja a verdade histórica, mas verificou-se de fato uma mudança de orientação. De modo que

56. William Edward Burghardt Du Bois (1868-1963) foi um sociólogo, historiador e escritor americano, que liderou movimentos contra o racismo em seu país. Sua obra *The souls of black folk* (1903) é um marco para a literatura afro-americana. Disponível em: <www.britannica.com/biography/W-E-B-Du-Bois>. Acesso em: 30 abr. 2019.

57. Em 1945, ocorreu o V Congresso Pan-Africano, em Manchester, Inglaterra.

tudo isso teve reflexo na nossa formação política. Temos qualquer coisa de pan-africanistas, nós que fizemos essa luta de libertação.

E em relação à CPLP, como o senhor viu essa iniciativa?

É provável que haja gente descrente, pois. É mais fácil desenvolver relações bilaterais do que desenvolver e ter um quadro multilateral de relacionamento. Urge identificar e promover o desenvolvimento de relações bilaterais que têm reflexos nas relações multilaterais e favorecem a implementação de programas multilaterais. O *handicap* da CPLP, talvez, seja isso: há dificuldades em conceber e implementar um programa integrado que traduzisse e integrasse as intenções individuais e coletivas, porém é mais fácil nas relações bilaterais. Mas a CPLP podia facilitar as relações bilaterais indutoras, criando um quadro de referência bilateral de relacionamento que se enquadrasse dentro de um painel multilateral mais amplo e diversificado. Isso facilitaria. Estabelecer até onde chegar no quadro de uma política externa coordenada é mais simples, porque os interesses comuns, desde que haja um relacionamento organizado, são factíveis, pois podem ser previamente negociados. Mas quando se trata de uma questão econômica na sua globalidade, a sua implementação é mais complexa. Outro fator dificultador são a dispersão geográfica e os pertencimentos a diversas organizações intergovernamentais continentais com compromissos específicos.

Encontramos dificuldades. Porém, que se deve persistir nisso, se deve! Por mais que a gente não queira, o fator da língua é importante. Temos esse instrumento integrador importante que é a língua portuguesa. Logo, devemos tirar proveito disso, devemos potenciar isso. Agora, convenhamos que as coisas, por exemplo, com o presidente Lula da Silva, desenvolveram-se bastante, mas agora não sabemos. Mesmo com a presidente Dilma, ela não tinha a mesma sensibilidade africana que tinha o presidente Lula, que fez muito para a aproximação do Brasil com a África. Foi muito criticado porque, também, há ainda no Brasil muitos preconceitos em relação à África. Uns são intrínsecos, outros são herdados do colonialismo e do regime escravocrata. É sempre complicado vencer os preconceitos. Encontrei-me com o presidente Lula várias vezes, no Brasil, em Cabo Verde e na ONU. Fizemo-nos próximos.

E ele esteve aqui também, não?

Esteve em visita oficial. Fazia regularmente escala técnica no Aeroporto Amílcar Cabral, nas suas deslocações à Europa. Eram momentos para nos vermos. Quando se realizou a cimeira da CEDEAO,[58] Comunidade dos Países da África Ocidental no nosso país, organizou-se um encontro no Sal com os presidentes desses países, com o propósito da promoção da cooperação com o Brasil. Continuávamos convencidos de que há uma experiência brasileira, particularmente na área da agricultura, que seria bastante útil para a África. Uma assistência técnica brasileira nessa área, na minha perspectiva, seria muito útil para o desenvolvimento e a diversificação da agricultura africana. Bom, nem todos têm essa visão das coisas. Do nosso lado, poderá ter havido uma vertente emotiva, esse lado de relações afetivas, que nem todos têm. Não havendo, as coisas tornam-se burocráticas e mais lentas e complicadas.

Em relação ao Brasil, qual foi a sua experiência?

Nós, desde o início, em Cabo Verde, vimos no Brasil um parceiro importante para o nosso desenvolvimento. Desenvolvemos relações na área da educação, foram milhares de jovens ao Brasil e vários ficaram por lá. Face às afinidades, muitos ficaram por lá. Mas demos bastante atenção à área da educação; demos bastante atenção à área de formação profissional, mandamos trabalhadores que se especializaram no Brasil; desenvolvemos relações na área da agricultura, no Sebrae, na Embrapa. Tivemos relações com todas essas instituições brasileiras

---

58. Comunidade Econômica dos Estados da África Ocidental (CEDEAO) é uma organização de integração entre os seguintes países: Benim, Burkina Faso, Cabo Verde, Costa do Marfim, Gâmbia, Gana, Guiné, Guiné-Bissau, Libéria, Mali, Níger, Nigéria, Serra Leoa, Senegal e Togo.

de promoção do desenvolvimento, na área de agricultura, na área da formação de operários, na área de formação universitária. Demos bastante atenção a essas áreas.

Houve um bom momento em que as nossas relações comerciais com o Brasil estavam bem. Não posso dizer como estarão agora. Comprávamos no Brasil mais barato do que na Europa. Por vezes até se fazia campanha contra os produtos vindos do Brasil: "O que é brasileiro não é bom." São atitudes de concorrentes, não é verdade? Mesmo na área de produção de medicamentos, fez-se campanha contra, ou pelo menos houve insinuações. Foi preciso lutar contra isso. O promotor desse relacionamento comercial com o Brasil era um cabo-verdiano que tinha trabalhado e dirigido um banco belga no Brasil, que após a sua aposentação se dedicou ao comércio Brasil-Cabo Verde. Morreu, infelizmente, o nosso homem. Não sei se os filhos, os herdeiros, conseguiram manter o mesmo impulso que havia. Houve momentos em que tivemos relações muito boas com o Brasil na área comercial. Por exemplo, com esse comércio desceram bastante os preços do material de construção, de cimento e de vários outros materiais. Porém, quando as coisas dependem de uma pessoa a sua continuação é sempre precária.

Culturalmente, o senhor acha que Cabo Verde tem mais afinidade com Brasil ou com Portugal?

Hoje tenho dificuldades em afirmar isso pelo seguinte: há uma presença cabo-verdiana em Portugal, particularmente à volta da grande Lisboa e no Algarve, também, por causa do turismo. Há uma atividade cultural intensa, sobretudo musical, de cabo-verdianos em Portugal. Em relação ao Brasil, houve muita influência da cultura brasileira em Cabo Verde, o mesmo aconteceu com a literatura. Falei-lhe de Graciliano Ramos, de Jorge Amado e outros que tiveram e influenciaram bastante a literatura cabo-verdiana. Gostamos muito da música brasileira. Para ver as diferenças, por exemplo: os senegaleses adoram a música cubana, mas nós adoramos a música brasileira. São pequenos detalhes que dizem muito. Há ainda a questão do carnaval, do futebol, em tudo isso, há uma forte identificação de Cabo Verde com o Brasil. Nós sofremos quando o Brasil perde, para nós é um desastre! De modo que há essa forte identificação afetiva com o Brasil, que vem da colonização, fomos colônias do mesmo país, em que a ligação marítima se fazia via Cabo Verde. Deste modo, historicamente, estamos bastante ligados. Entendo que do ponto de vista emocional, do ponto de vista afetivo, identificamo-nos bastante com o Brasil. E, provavelmente, o Brasil identifica-se conosco — talvez mais o carioca, o de Salvador etc. Não são todos os "Brasis", mas há um Brasil que se identifica conosco. Também devemos reconhecer que nos identificamos com um certo Brasil, não é todo o Brasil. Mas há uma forte ligação afetiva. O Brasil influenciou muito o nosso carnaval e, provavelmente, a música, sobretudo o violão, o cavaquinho, a forma como trabalhamos a nossa música. Enfim, há muita forte ligação cultural e afetiva de Cabo Verde com o Brasil, que gostaria de ver trabalhada e reforçada.

Voltando à sua trajetória política, a sua reeleição em 2006 foi mais tranquila, não? Foi já na primeira volta.

Sim, foi mais tranquila, mas mesmo assim continuaram a explorar determinados aspectos. Já lhe disse que uma das minhas qualidades e defeitos é que não sou religioso. E não engano ninguém com isso para angariar votos e simpatia. Sou sincero. É uma "qualidade-defeito", não sei ser hipócrita e pago por isso!

Essa questão voltou na sua reeleição?

Não da mesma forma, mas voltou. As hostilidades antigas mantiveram-se e surgiram outros interesses escusos que não gostavam da minha candidatura e, porventura, da minha pessoa. Não vou entrar nessa polêmica, mas intervieram na campanha de fato outros interesses subterrâneos que punham em causa a segurança nacional.

Mas o senhor ganhou, e ficou mais um mandato.

Sim, mas o importante é integrar os diversos fatos e momentos da minha vida e fazer disso um percurso. Até os dias de hoje, entendo que, fazendo as contas, os resultados da minha vida são amplamente positivos. Portanto, acumulei mais crédito político e moral com o segundo mandato. Considero que também o país ganhou. A verdade é que tenho transmitido uma imagem dignificante de Cabo Verde dentro do país, fora do país, na África, o que, do meu ponto de vista, tem favorecido o nosso país em matéria de diplomacia, em matéria de simpatia, em matéria de confiança e de comprometimento político com os interesses nacionais e africanos.

11

A luta continua

"Fiz um bom combate, está claro que isso me dá tranquilidade espiritual"

Em 2011, quando termina o segundo mandato presidencial, o senhor recebe o prêmio Mo Ibrahim.[59] *Como recebeu a notícia e o prêmio?*

Um dos meus amigos senegaleses, antes de eu deixar a presidência, disse-me num dos nossos encontros mais ou menos isso, mas de uma forma muito misteriosa: "Estão tentando preparar qualquer coisa para ti, disseram-me." Não sabia o que podia ser. E até desconhecia o prêmio Mo Ibrahim. Portanto, as comunicações eram um bocado confusas sobre isso. Eu mal conhecia o prêmio. Se podia ser agraciado, também, não estava seguro disso, não tinha conhecimento, mas num dado momento um outro dos meus amigos dissera-me: "Bom, há essa possibilidade de um prêmio..." Mas ele não me disse qual era a designação, o que podia ser. De modo que foi uma surpresa, ou uma meia-surpresa. Pressenti no contexto africano bastante simpatia em relação à minha pessoa. Isso, contudo, não dava qualquer indicação.

Depois de ter perdido as eleições, estive numa conferência organizada no Senegal — um dos organizadores era o Abdoulaye Wade, então ministro do Interior — sobre a democracia na África, sobre uma

59. Mohamed "Mo" Ibrahim (n. 1946), empresário sudanês-britânico do ramo de telecomunicações, lançou em 2007 o prêmio que leva seu nome, para distinguir a Liderança de Excelência na África, atribuído aos chefes de Estado que se destaquem na promoção do desenvolvimento em seus países, exercendo o poder de forma democrática.

série de questões ligadas aos partidos políticos africanos. Fui elogiado de diversas maneiras, como se tivesse ganhado aquelas eleições. Reagi dizendo-lhes: "Ah, já entendi, vocês precisam de um bom perdedor, o que querem é um bom perdedor... Está bem, eu sou um bom perdedor e pronto!"

Mas a partir daí, da condição de bom perdedor, passei à condição de bom ganhador. Foi um percurso político apreciado pelas pessoas, a forma como encarei a vida. Uma das coisas que mais impressionou as pessoas é que, quando deixei as funções de primeiro-ministro, não tinha uma casa própria onde morar. Isso foi a coisa que mais impressionou e espantou os analistas africanos. Assim, fiz todo esse percurso até chegar ao prêmio Mo Ibrahim. O que significa também que organizei bem a minha vida e meu percurso político; por exemplo, podia não me ter candidatado à presidência da República, como sugeriam alguns amigos, mas candidatei-me duas vezes. Quer dizer que é esse percurso que mereceu o reconhecimento africano e internacional. De todo modo, não se deve menosprezar a minha intuição política.

Do ponto de vista simbólico, o que significa esse reconhecimento internacional, mas sobretudo esse reconhecimento africano? Note-se que é um prêmio africano. Esse reconhecimento africano foi, do ponto de vista pessoal, muito importante para a minha tranquilidade espiritual. Fez desaparecerem as minhas dúvidas e, utilizando a linguagem bíblica, deixou claro que "fiz um bom combate". Significa que fiz um bom combate. Portanto, tirou-me as dúvidas e foi mais do que isso: valorizou-me mesmo dentro de Cabo Verde. Quer dizer: sim, há uma valorização no plano africano e internacional, mas também há uma valorização interna. Tem esse duplo significado do ponto de vista simbólico.

Disse que significa que fiz um "bom combate", está claro que isso me dá maior tranquilidade espiritual. Saber que me envolvi numa luta, num combate longo e pleno de obstáculos, e no fim acabei por ser reconhecido e premiado internacionalmente. Sinceramente, é fantástico! No plano africano, deu-me uma nova dimensão como personalidade africana. No plano internacional, talvez nem tanto como na África. Mas, apesar disso, tem o seu valor. Do ponto de vista material, é importante também, porque dá-me uma autonomia em relação aos poderes constituídos do meu país. Tenho grande autonomia em relação ao que possa acontecer com o meu país do ponto de vista material. Isso também dá outra tranquilidade espiritual. Eu só posso estar agradecido a Mo Ibrahim e à fundação que criou e atribui o prêmio. Também estou muito agradecido aos membros do júri que me escolheram.

Sabe, o engenheiro Mo Ibrahim é sudanês de origem e tem dupla nacionalidade. Foi um grande empresário, começou como engenheiro numa empresa de telecomunicações no Reino Unido, constituiu a seguir a própria empresa de telecomunicações, que teve muito sucesso no Egito e em outros países da África oriental e, também, no Médio Oriente. Fez-se um empresário de sucesso na área das telecomunicações. Sei que deixou essa área, mas não disponho de dados sobre o que faz agora. É alguém que tem uma grande paixão pela África, pelos africanos. Tem uma enorme paixão, é um grande africano, disso não resta dúvida! Hoje, deve estar sofrendo muito com a situação no seu país. Periodicamente, temos recebido correspondência da Fundação Mo Ibrahim alertando-nos para a situação complicada no Sudão.

Mo Ibrahim é diferente dos outros empresários africanos. Ele é um grande empresário africano, um grande homem de negócios africano, mas é sobretudo um grande africano. É um apaixonado pelas mudanças na África, pelo progresso da África, pela democratização das sociedades africanas. Deste modo, nós só podemos manifestar a nossa admiração por ele, que é diferente dos outros por aquilo que tem feito em favor da África. Hoje ele é um dos porta-vozes mais credenciados da África.

Vimos, em várias reportagens, notícias de que faltava o senhor escrever suas memórias. Sempre houve essa expectativa de que o senhor iria se dedicar a deixar suas memórias. Como gostaria de ser lembrado quando não estiver mais aqui?

Voltando à questão da memória, devo falar disso porque, como sabem, eu presido a Fundação Amílcar Cabral. Sua função é a recuperação das memórias de Amílcar Cabral, dos seus feitos, dos seus escritos.

Mas, sobretudo, da sua postura como lutador pela liberdade dos cabo-verdianos e dos guineenses, e também pela liberdade dos povos africanos. Nós trabalhamos as memórias dele, trabalhamos os escritos dele. Neste momento, temos um projeto, que não está a andar com o ritmo que esperávamos, que é a candidatura dos seus escritos a um programa da Unesco, Memórias do Mundo.[60] Digo isso porque preciso de apoios para conseguir chegar lá. No dia em que a gente conseguir materializar isso, não diria que teria terminado nosso compromisso com Amílcar Cabral, mas diria que cumprimos uma grande parte desse compromisso. O resto, trabalhamos as memórias, trabalhamos a figura de Aristides Pereira, temos trabalhado várias outras coisas. Vamos continuar a trabalhar, a disponibilizar através de uma plataforma da Fundação Amílcar Cabral os escritos de Cabral e de outros. Vamos trabalhar com tudo que temos de documentação. Esse é o outro grande desafio em matéria de memórias.

Neste momento, iniciamos o trabalho com um projeto, ou pelo menos a ideia de um projeto com o governo angolano, na possibilidade da elaboração da história das lutas pela libertação dos países africanos de língua oficial portuguesa, os PALOP. Isso é um elemento da memória fundamental. Começamos o trabalho, iniciamos qualquer coisa que pode vir dar em algo muito interessante. Sempre na perspectiva de que os africanos têm que escrever a sua história! Julgo que há alguma mudança nesse aspeto. Penso que sim, há mesmo um romance, que foi lançado no Brasil, de um congolês que tem um trabalho extremamente interessante sobre o passado africano.[61] No campo de ideias e de reflexões quanto ao passado e ao presente africanos, estão a acontecer coisas muito promissoras. As coisas movem-se! Como exemplo, há professores universitários e pensadores africanos

---

60. O programa Memórias do Mundo, da UNESCO, tem como objetivo resguardar documentos que projetam a memória mundial, local ou até mesmo regional. Disponível em: <www.unesco.org/new/pt/brasilia/communication-and-information/digital-transformation-and-innovation/memory-of-the-world-programme/>. Acesso em: 30 abr. 2020.

61. Provavelmente, refere-se a Alain Mabanckou.

muito qualificados em universidades americanas. Há novos pensadores e investigadores prestigiados internacionalmente, como Felwin Sarr, Achille Mbembe, Carlos Lopes, Ibrahima Thioub, entre outros.

Mas voltando: é essa preocupação com a nossa narrativa da nossa história. O resto é a narrativa dos outros da nossa história. Temos de mudar de perspectiva, a que outros chamariam de paradigma. Confrontar a nossa narrativa com a narrativa dos outros. Para entender as minhas preocupações: porque de um lado, agora, abrindo-me um pouco, é que sinto-me na obrigação de fazer isso. Porque os outros, os meus companheiros, já morreram quase todos. Quis o destino que eu tivesse uma vida mais longa e talvez melhores condições para isso. Eu tenho que cumprir isso. Portanto, sinto que tenho que cumprir e devo cumprir. Infelizmente, nem todos têm o mesmo empenho que eu tenho nessa questão, nessa matéria das memórias. Mas as minhas, o que estamos fazendo é uma parte delas, e agradeço por isso à Fundação Getulio Vargas por ter tomado essa decisão de trabalhar comigo uma visão do meu percurso como homem político e como africano, que lutou pela independência de seu país. Também estou muito agradecido por essa iniciativa, por essa... dádiva, de certa forma, pois considero que é um ato de valorização do meu percurso enquanto africano, enquanto combatente da liberdade cabo-verdiana.

Nós é que agradecemos. Dar-nos esta entrevista não deixa de ser uma parte do bom combate.

Sim, de modo que agradeço por isso. Faz parte também. Tenho trabalhado com outros companheiros para fazermos alguma coisa mais completa, mais complexa, talvez mais chata também, porque há coisas que ficarão por aí, mas não serão publicadas. Quando alguém, daqui a uns anos, se interessar por isso, pode ver afinal como foi. Estou preocupado com isso porque a questão das narrativas é fundamental. Nós ainda não temos uma narrativa nacional da nossa luta pela independência, da nossa independência. Nenhum de nós, das antigas colônias portuguesas, tem. Duvido também que na África haja gente que tenha trabalhado para que houvesse uma narrativa desse combate ou desse percurso. De modo que vamos tentar fazer isso, porque a narrativa não pode surgir logo de imediato. Sim, há muitos livros, há muitos estudos ou trabalhos sobre isso, mas isso junto, para se constituir uma narrativa, considero que não há. Não sei se outros países também têm, se isso se trata de uma fantasia minha. Mas queremos uma narrativa, uma narrativa em que se diz: "Foi assim." Foi assim o nosso passado, foi assim a nossa resistência, foi assim o nosso combate, foi assim a nossa independência. Algo com uma dimensão épica. Será possível? Não sei se essa é uma visão ao nosso alcance. E como isso exige recursos, a ideia é trabalhar com os outros também, que foram nossos companheiros durante esse tempo.

E que não seja a narrativa do caçador, não é?

Não. Eu quero convencer as pessoas que têm de ter a sua narrativa e que por vezes as pessoas, sem querer, entram na lógica da narrativa do caçador. Entram nessa lógica sem querer, ingenuamente, porque não estão atentas nem prevenidas. Ou não se aperceberam das armadilhas existentes.

No nosso caso, nós é que agradecemos muito. Foi um prazer acompanhar o seu percurso, saber como o senhor tomou as suas decisões ao longo da vida, com todas as dúvidas que surgiram e, principalmente, ouvir a história na voz do leão.

E nós pensamos que nisso tudo deve haver essa preocupação. Se vamos chegar lá, não sei. Mas devemos sempre começar. E vamos ver se concluímos, vamos ver o que vai ser este "Pedro Pires" no Brasil… O que não posso dizer é que na vida não tive sorte. O outro diz: "Não há sorte, há trabalho." Mas tenho tido muita sorte na vida. Sorte, entre aspas, de gozar de boa saúde até hoje, de gozar de lucidez até hoje. Isso é uma sorte. E ter feito todo esse percurso, ter ganhado causas, ter perdido causas, mas finalmente terminar ganhando. Veja o seguinte: uma pessoa que passa por todo esse percurso e no fim da sua vida — da sua vida política, não da vida como é "vivida" — ganha um prêmio Mo Ibrahim, que lhe dá tranquilidade espiritual e lhe dá tranquilidade material, não pode dizer que não tenha tido sorte. Então, considero-me uma pessoa afortunada. Utilizando e roubando a ideia ao Basil Davidson, que escreveu *As ilhas afortunadas*, não é a primeira vez que utilizo essa palavra: eu tenho sido afortunado e sou agradecido a todos por isso.

Perguntou-me como eu gostaria de ser lembrado. Já me fizeram essa pergunta há tempos, num programa de televisão angolano, e não consegui dar uma resposta convincente. Eu gostaria de ser lembrado como alguém que, de um lado, fez tudo para ser coerente, que fez tudo para cumprir um compromisso com a vida, porque eu considero que isso é outra filosofia minha: a vida tem sempre sentido e significado. Não se pode viver aí sem preocupações, sem ter significados, sem ter sentido, sem querer alguma coisa, sem deixar alguma coisa, portanto. A vida para mim é isso. Tentei viver com coerência, tentei viver com sentido, e a serviço de uma causa. E essa causa chama-se Cabo Verde. Tentei cumprir o compromisso com essa causa. Não é por acaso que, veja o título desse livro que assumi: "O meu compromisso com Cabo Verde."[62] Tentei cumprir esse compromisso, vou tentar cumpri-lo até o fim.

Eu falei da Fundação Amílcar Cabral. Criamos essa fundação e hoje sou o seu presidente, mas dentro de pouco tempo vou ter que deixar de ser, porque também a idade não perdoa. Não estou em condições de exercer várias funções ao mesmo tempo. Mas nós criamos o Instituto Pedro Pires, com que intenção? Durante todo o percurso e sobretudo durante a presidência refleti bastante sobre algumas falhas existentes no nosso país e algumas situações que precisavam ser melhoradas. Nós temos alguns recursos vindos do prêmio Mo Ibrahim durante algum tempo e decidimos usar esses recursos criando uma instituição que trabalhasse com os jovens quadros e lhes desse uma perspectiva de vida e de função diferente. Primeiro, falamos no conhecimento real do

62. PIRES, Pedro. *O meu compromisso com Cabo Verde*. Praia: Imprensa Nacional de Cabo Verde, 2012.

país. Muitas vezes, disse que não conhecia Cabo Verde: é verdade. Mas eu agora quero que os outros conheçam. Então, ter um conhecimento mais real, discutir com as pessoas que trabalharam as dificuldades e identificar os próximos desafios a vencer. Portanto, o conhecimento do país e de suas dificuldades e desafios.

Um outro aspecto é levar as pessoas a adotar a atitude chamada de pensamento crítico, que é passar as coisas pelo crivo da crítica, da apreciação, e que nós não devemos tomar como verdade feita tudo que nos chega. Estimular as pessoas em direção a aprender a pensar e pensar criticamente. Um outro elemento importante que quisemos também estimular junto aos jovens é o pensamento estratégico. O que é isso de pensamento estratégico? Às vezes fico com a impressão de que as pessoas se preocupam mais com o imediato, com o hoje. Mas a vida tem uma perspectiva, a vida é ontem, ela é hoje, é o amanhã, o depois de amanhã. Então, pensar que é preciso preparar-se para o futuro. Para o amanhã, para o depois de amanhã, e incutir no espírito das pessoas uma visão de longo prazo, uma visão estratégica da sua vida e da vida do país. Por outro lado, queríamos que isso fosse também um espaço de liberdade, porque nós estamos numa situação em que estamos excessivamente "partidarizados". Criar um espaço de liberdade onde as pessoas podem discutir entre elas, sem inibições, sem compromissos com ninguém. Criar qualquer coisa diferente.

Vou lhe contar o caso que passou com uma formanda do IPP. Bom, eu estou ligado ao PAICV, e todas as vezes dizem que "Pedro Pires é PAICV", mas Pedro Pires não quer ser simplesmente PAICV, o Pedro Pires quer ser Cabo Verde, o que é ligeiramente diferente. Então, houve uma senhora que se candidatou aos nossos cursos. Ela é simpatizante de um outro partido, do MpD. Depois de ter passado pelas várias fases daquela formação, aqui e nos Estados Unidos, ganhou confiança e abriu-se com a minha filha, contando o que tinha acontecido com ela. Gostou da ideia e decidiu candidatar-se àquele curso. Os seus amigos disseram-lhe que não valia a pena: "Não vais ser selecionada porque não és do PAICV." Foi selecionada e fez a formação. Veio a candidatura para o prosseguimento na formação na Universidade de Bridgewater, nos Estados Unidos. Comunicou aos seus amigos que ia candidatar-se àquela segunda formação e foi a mesma reação: "Não vais ser admitida." Foi selecionada e frequentou a formação nos Estados Unidos. No fim, teve o desabafo com a minha filha manifestando a sua estranheza com o comportamento das pessoas e o clima de desconfiança existente entre nós. É isso que queremos mudar! Só não sabiam que o critério de isenção na avaliação das candidaturas é muito rigoroso. Não há nomes, ninguém sabe quem é quem.

Aqui, o IPP é um espaço de liberdade. Quer permitir que as pessoas debatam livremente sem condicionalismo. São esses elementos que nos inspiraram na criação desse instituto. Tivemos colaboradores interessantíssimos que nos têm permitido até agora realizar coisas e formações interessantes. Eu creio que agora os formandos estão nos Estados Unidos frequentando uma formação na Bridgewater State University. E por que se estabeleceram essas relações? Porque era dirigida por um descendente de cabo-verdianos, que se interessou muito por Cabo Verde e teve um papel importante na formação de cabo-verdianos naquela universidade, e sobretudo na formação de professores de inglês que vieram dar aulas aqui nas escolas secundárias e na universidade. Temos um acordo de cooperação com essa universidade. De modo que, para falar disso, para se ter a ideia do que vai no nosso espírito, é ver se os cabo-verdianos se unem em questões essenciais para o país. Só assim a gente ganha. Se continuamos a agredir uns aos outros, mesmo em matérias essenciais, isso só vai dificultar o nosso avanço como nação, como povo, como economia também, e como instituição. Neste momento, o instituto está tentando desenvolver a cooperação com uma instituição afim angolana, que é a Academia BAI, do Banco Angolano de Investimentos.[63] Realizamos a última formação lá e vamos ver o que podemos trabalhar nessa área, entre Cabo Verde e Angola, na perspectiva da CPLP. Como disse anteriormente, o bilateralismo funciona, é mais prático. O multilateralismo exige muita

63. A Academia BAI tem o objetivo de incentivar a melhoria do conhecimento financeiro, tecnologia de informação e áreas que circunscrevem. Disponível em: <www.academiabai.co.ao/index.php/quem-somos>. Acesso em: 30 abr. 2019.

fé, muita confiança, mas sobretudo uma visão estratégica comum que por vezes não se tem.

Muito bem, comandante, estamos muito satisfeitos por lhe ouvir durante esses três dias. Foi uma longa jornada e um longo percurso, e queríamos agradecer mais uma vez a sua disposição.

Espero que saia um bom trabalho, que se consiga o necessário para que saia um bom trabalho. E vamos jantar logo? Quero convidá-los para um jantar...

Este livro foi impresso nas oficinas gráficas da Editora Vozes Ltda.,
Rua Frei Luís, 100 – Petrópolis, RJ.